Veronika Müller

Selber einmachen

Marmeladen, Konfitüren, Gelees,
Kompotte, Chutneys und Säfte
Bewährte Rezepte
und praktischer Rat

GU
Gräfe und Unzer

Umschlag-Vorderseite
Nach den Grundrezepten für Kompott und Konfitüren (Seiten 11 und 20) lassen sich die gängigen Obstsorten problemlos zubereiten. Das Bild zeigt Pfirsichkompott (links) und Erdbeerkonfitüre.
2. Umschlagseite
Rosinen und Mandelblättchen bereichern das köstliche Apfelkompott mit Wein, Rezept Seite 14.
3. Umschlagseite
Rote Bete mit Schalotten, mit Essig und Öl angemacht, schmeckt gut als Salat. Rezept Seite 54.

CIP-Kurztitelaufnahme der Deutschen Bibliothek

Müller, Veronika:

Selber einmachen: Marmeladen, Konfitüren, Gelees, Kompotte, Chutneys u. Säfte; bewährte Rezepte u. prakt. Rat / Veronika Müller. - 2. Aufl. - München: Gräfe und Unzer, 1987.

ISBN 3-7742-3636-4

2. Auflage 1987

Redaktion: Doris Birk
Herstellung: Robert Gigler
Farbfotos: Fotostudio Teubner, ergänzt durch Aufnahmen von C. P. Fischer (Seite 18 und 48) und Ulrich Kerth (3. Umschlagseite)
Zeichnungen: Gerlind Bruhn
Umschlaggestaltung: Heinz Kraxenberger
Satz und Druck: Georg Appl
Reproduktionen: Brend'amour, Simhart & Co.
Bindung: Conzella, Pfarrkirchen

ISBN 3-7742-3636-4

Veronika Müller,
geboren in Sachsen, wuchs in Niedersachsen auf und schloß den Besuch der Frauenfachschule mit dem Staatsexamen in Hauswirtschaft ab. Es folgten Fachabitur in Bremen und zweijährige Volontärszeit an einer Kieler Tageszeitung. Dann arbeitete sie als Redakteurin für verschiedene Zeitschriften und Pressedienste. 1971 wurde sie Foodjournalistin und freie Mitarbeiterin bei »Menü«, wo ihre Begeisterung für Kochen, Essen und Trinken auf besonders fruchtbaren Boden fiel. Heute schreibt sie für verschiedene Verlage und Agenturen zum Thema Kochen.

Die Autorin lebte viele Jahre in Bayern und ist heute mit ihrer Familie im Badischen zu Hause. Bisher veröffentlichte sie 15 Kochbücher (4 davon mit Co-Autoren).

Sie finden in diesem Buch

Ein Wort zuvor

Wie populär das Einmachen ist, hat kürzlich eine Umfrage ergeben. In 50 Prozent aller Familien steht täglich selbst eingekochte Marmelade, Konfitüre oder Gelee auf dem Tisch. Auch wenn es den zuständigen Herren der Europäischen Gemeinschaft gefallen hat, zur Vereinheitlichung des Marktes für diese drei eine neue Definition zu finden, sollten Sie Ihre Gläser ruhig weiter mit diesen Namen beschriften. Denn nach dieser Verordnung ist Marmelade nur noch das, was aus Zitrusfrüchten hergestellt wird und alles andere ist Konfitüre – es sei denn, es handelt sich um Gelee, das nur aus Saft und Zucker besteht, also keine Fruchtstücke mehr enthält.

Wenn man mich fragt, warum ich denn heutzutage bei dem reichlichen und vielfältigen Angebot an industriell hergestellten Marmeladen, Konfitüren oder Obstkonserven noch selber einkoche, kann ich gleich mehrere gute Gründe dafür nennen: Erstens macht es mir sehr viel Spaß, meine Familie mit immer wieder anderen Köstlichkeiten zu verwöhnen. Ich betrachte meine wohlgefüllte Speisekammer jedenfalls immer wieder mit einem gewissen Stolz. Verwandte, Freunde und gute Bekannte freuen sich, wenn man ihnen ein Glas Marmelade oder einen Rumtopf mitbringt. Nicht selten erntet man bei den Beschenkten damit mehr Beifall als mit einem üppigen Blumenstrauß. Und wenn eine Überraschungseinladung ins Haus flattert, hat man – zumindest für alle, die gerne essen – stets ein ganz persönliches Mitbringsel zur Hand. Ebenso ist es mit dem Bewirten von plötzlich vor der Tür stehenden Gästen. Ein Dessert mit selbst eingelegten Alkoholfrüchten, eine Quarkspeise mit eigenem Kompott, die kalte Aufschnittplatte mit würzigem Chutney aus eigener Herstellung geben allem eine besondere Note. Neben diesen mehr ideellen Motiven, bei denen die Kreativität im Vordergrund steht, gibt es aber auch ganz praktische Gründe für das Einmachen. Unter anderem ist es der Preis. Selbsteingemachtes kann das Haushaltsbudget spürbar entlasten, denn jedes Jahr gibt es Obstschwemmen ebenso wie Sonderangebote für Einmachzucker. Will man einmal Früchte miteinander kombinieren, die zu einer unterschiedlichen Zeit reif sind, kann man die eine Sorte einfrieren und dann weiterverarbeiten, wenn die andere günstig auf dem Markt zu haben ist.

Fast schon eine Verpflichtung ist das Einmachen für Gartenbesitzer. Das geerntete Obst und Gemüse ist meist zu viel, um zur Erntezeit verspeist zu werden. Selbstverständlich kann man, wie schon erwähnt, einen Teil einfrieren. Unbedingt aber sollte man daraus köstliche Marmeladen und Gelees, einfache oder raffinierte Kompotte sowie eingelegte Gemüse zubereiten.

Dafür habe ich nun dieses Buch geschrieben, in dem Sie altbewährte Rezepte, aber auch neue »Schöpfungen« aus meiner Küche finden, mit Anleitungen, wie Sie von einfachen, einheimischen Klaräpfeln und Birnen über Kirschen, Johannisbeeren und Zwetschgen alles Obst köstlich einkochen und in Ihren Vorrat einreihen können. Wer etwas ausgefallenere Kombinationen vorzieht, bekommt dafür auch zahlreiche Vorschläge. Die Spannweite der Rezepte reicht von Kompotten, Konfitüren und Marmeladen, Gelees und Säften bis zu Früchten in Alkohol, Chutneys und pikant Eingelegtem. Mit vielen Tips und praktischen Ratschlägen, unterstützt durch informative Zeichnungen, möchte ich Ihnen Mut zum Ausprobieren machen. Die brillanten Farbfotos sind schon optisch ein Genuß und wecken sicher den Wunsch, das Gezeigte selbst zu machen.

Was ganz allgemein beachtet werden muß, sage ich Ihnen im ersten Teil des Buches, den Sie unbedingt studieren sollten, damit nachher auch alles so gelingt, wie Sie es sich vorstellen.

Viel Spaß beim Einmachen und viel Genuß beim Probieren wünscht Ihnen

Ihre Veronika Müller

Über Einkauf und Lagerung

Den größten Teil dieses Buches bilden Rezepte für das Einkochen von Marmeladen, Konfitüren und Gelees, Vorschläge für leckere Kompotte und würzige Chutneys und Relishes. Einkochen heißt Konservieren durch Hitze; die Fäulnisbakterien werden durch hohe Temperaturen abgetötet. Hinzugefügter Zucker zum Beispiel bei Marmelade oder Essig im Falle von Chutneys konserviert zusätzlich. Es gibt aber auch eine Menge Rezepte für »Früchte in Alkohol« und »Pikante Sachen« – und die werden eingelegt.

Augen auf beim Einkauf

Nur das Beste sollte gerade gut genug sein, um in Ihre Gläser zu wandern. Das heißt jedoch nicht, daß Sie kein Fallobst oder den nicht mehr ganz taufrischen Inhalt einer preiswert erstandenen Steige verwenden dürfen. Nur muß in solchen Fällen mit Argusaugen und einem scharfen Messer den Früchten zu Leibe gerückt werden. Die prächtigsten Früchte verlieren allerdings an Nährwerten – Vitamine, Mineralstoffe, Fruchtsäure, Aroma – wenn sie erst nach Tagen eingemacht, falsch behandelt oder alle Inhaltsstoffe in unsachgemäßen Verfahren »totgekocht« werden. Wenn es nicht möglich ist, am Ernte- oder Einkaufstag mit der Arbeit zu beginnen, breiten Sie die Früchte am besten flach aus und lagern Sie diese möglichst kühl und dunkel. Am nächsten Tag dann sorgfältig verlesen und eventuelle schadhafte Stellen mehr als großzügig entfernen. Länger jedoch auf keinen Fall warten, vor allem dann nicht, wenn das Wetter heiß, feucht und schwül ist.

Die richtige Aufbewahrung

Schon beim Planen für das Einmachen müssen Sie überlegen, wo Sie die Vorräte lagern können. Eingemachtes – und das gilt für Marmeladen ebenso wie für sauer Eingelegtes – steht gerne kühl. Der ideale Raum zum Lagern eingemachter Vorräte ist nicht kälter als 4 Grad und nicht wärmer als 12–15 Grad. Das kann eine Speisekammer, ein kühler Keller oder ein selten geheiztes Zimmer sein. Der Raum sollte zwar dunkel und luftig, aber nicht feucht sein. Überschreitet die Temperatur allerdings oft oder sogar dauernd 12 bis 15 Grad, so verkürzt sich die Lagerdauer. Auch wenn die Lagerbedingungen ideal sind, sollten Sie Ihr Eingemachtes immer wieder daraufhin überprüfen, ob die Gläser dicht verschlossen sind und ob sich an der Oberfläche oder in den Gläsern nichts verändert. Zeigt sich dennoch einmal Schimmel bei Marmeladen, Konfitüren oder Gelees, dann können Sie kleine Flächen des Schimmels dann großzügig entfernen, wenn die Früchte im Verhältnis 1:1 mit Zucker eingekocht wurden. Ist die Oberfläche stark verschimmelt oder haben Sie weniger Zukker verwendet, sollten Sie die Marmelade unbedingt wegwerfen. Schimmelige Kompotte sollten Sie grundsätzlich nicht mehr verwenden. Auch in Gärung übergegangene Kompotte sollten Sie zu Ihrer eigenen Sicherheit wegwerfen, auch wenn es Ihnen schwerfällt.

Und noch ein Wort zur Lagerdauer: Die Früchte werden zwar durch das Konservieren haltbar gemacht, also vor Verderb geschützt, doch verlieren sie mit zunehmender Lagerdauer an Vitaminen und Aroma. Deshalb sollten Sie Eingemachtes innerhalb der angegebenen Haltbarkeitszeit verbrauchen. Beschriften Sie deshalb jedes Glas, jede Flasche oder jeden Topf mit dem Inhalt und vermerken sie vor allem Monat und Jahr des Einmachdatums. Hübsche Etiketten dazu finden Sie im Schreibwarenhandel.

Das Einkochen von Obst

Beim Einkochen in Gläsern wird das Einkochgut erst durch Erhitzen keimfrei und dann durch Luftabschluß haltbar gemacht. In der sterilisierenden Hitze dehnt sich der Inhalt der Gläser aus und drückt die Luft weitgehend aus den Gläsern heraus. Kühlt der Inhalt dann später ab und zieht sich dabei zusammen, entsteht im Glas ein Vakuum, das den Deckel auf das Glas drückt.

Doch bevor die Früchte in die Gläser wandern, müssen sie zuerst einmal vorbereitet werden. Grundsätzlich werden sie vor dem Putzen gewaschen und abgetrocknet. Erst dann entstielen und gegebenenfalls entsteinen und zerkleinern, nie in einer anderen Reihenfolge, weil sonst zu viele Vitamine verloren gehen. Die vorbereiteten Früchte werden entweder direkt in die Gläser eingeschichtet oder zuerst in einer Zuckerlösung gegart. Saftreiches Obst kann nur mit Zucker im eigenen Saft eingekocht werden. Als Faustregel gilt: 300 bis 500 g Zucker für saure Obstsorten, 200 bis 300 g Zucker für süße Früchte. Früchte, die nur mit Zucker eingekocht werden, müssen vor dem Einfüllen unbedingt zuerst etwas Saft ziehen. Harte Früchte wie Äpfel, Quitten, Zwetschgen, kleine deutsche Pfirsiche brauchen eine Zuckerlösung. Die Zuckermenge ist dabei ein wenig vom individuellen Geschmack abhängig. Sie sollte jedoch bei süßen Früchten zwischen 200 bis 500 g Zucker je Liter Wasser, bei sauren Früchten zwischen 750 g bis 1 kg Zukker je Liter Wasser liegen.

Kleine Gläserkunde

Wenn Sie bisher schon häufiger Obst eingekocht haben, besitzen Sie bestimmt eine Anzahl Einmachgläser. Am gebräuchlichsten waren bisher Gläser mit Massivglasrand und die sogenannten Rillengläser. Wer zum ersten Mal einkocht und sich einen Satz Gläser neu kaufen muß, sollte sich überlegen, ob er sich nicht die neuen Rundrandgläser anschafft. Bei diesen Gläsern liegt der Deckel nicht mehr gewölbt über dem Glasrand, wie das bei den herkömmlichen Gläsern der Fall ist, sondern das Deckelinnenteil liegt unterhalb des Glasrandes. Diese Gläser haben manche Vorteile. Die flachen Deckel machen es möglich, daß die Gläser sowohl im Einkochtopf als auch im Vorratsraum übereinander gestapelt werden können. Außerdem bleiben Farbe, Geschmack und Vitamin-C-Gehalt in solchen Gläsern besser erhalten, weil die neuen Deckel direkt auf dem Einmachgut aufliegen. Dadurch bleibt weniger Sauerstoff im Glas zurück, der die Früchte beim Lagern verändert.

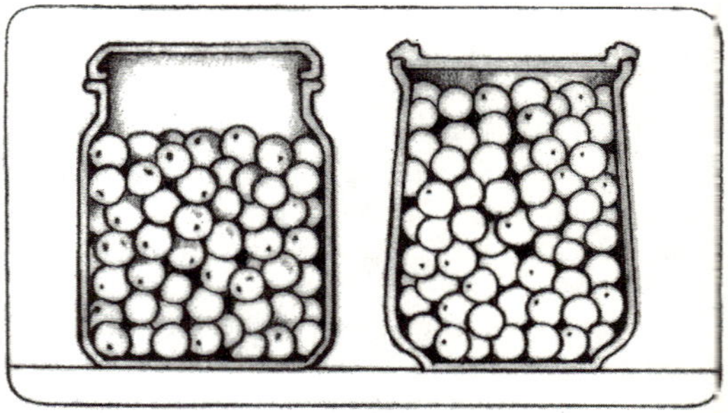

Die Deckel der neuen Rundrandgläser (rechts) liegen direkt auf dem Einmachgut auf, wodurch Farbe, Geschmack und Vitamin C-Gehalt besonders gut erhalten bleiben.

Welchen Glastyp Sie auch bevorzugen: Die Gläser müssen absolut einwandfrei, d.h. unbeschädigt sein. Gläser mit abgesplitterten Rändern sollten Sie aussortieren. Das gilt selbstverständlich auch für die Glasdeckel und die Gummiringe. Spröde und rissige Gummiringe sollten Sie ersetzen. Die Gläser und die Deckel werden vor dem Einfüllen der Früchte mit heißem Wasser und einem Spülmittel gereinigt. Dann werden sie in möglichst heißem, klaren Wasser abgespült. Die Gummiringe werden mit etwas Spülmittel einige Minuten ausgekocht. Zum Abtrocknen stülpt man die Gläser und die Deckel auf ein frisches, sauberes Küchenhandtuch, die Gummiringe werden mit einem ebensolchen abgetrocknet.

Das Einkochgut wird mit Hilfe eines Trichters oder eines langstieligen Löffels in die so vorbereiteten Gläser gefüllt. In die herkömmlichen Gläser wird das Einkochgut bis 2 cm unter den Rand gefüllt, breiiges Einkochgut bis 4 cm unter den Glasrand. Bei den neuen Einkochgläsern werden die Früchte und die Flüssigkeit bis zur Unterkante des Randes eingefüllt. Beim Einfüllen von heißem Einmachgut stellen Sie die Gläser auf ein feucht-heißes Tuch, dann können sie nicht springen. Nach dem Einfüllen die Ränder der Gläser sauber abwischen, die Gummiringe auf die Ränder legen, die Deckel daraufgeben und mit den Klammern verschließen.

Das Sterilisieren

Einkochen oder Sterilisieren kann man auf dreierlei Weise: Im altbewährten Einkochtopf, im Backofen und im Schnellkochtopf. Mit welchen Geräten sterilisiert wird, ist für das Ergebnis unbedeutend. Die Rezepte dieses Buches basieren auf der erstgenannten Methode.

1. Sterilisieren im Einkochtopf: Dabei wird im Einkochtopf mit Thermometer auf dem Herd oder in großen, selbst beheizten Spezialtöpfen mit eingebautem Thermometer und Zeitschaltuhr eingekocht. Beide Töpfe sind ideal für große Haushalte, in denen viel eingekocht wird. Die Gläser werden auf den Rost im Topf gestellt, und man gießt soviel Wasser an, daß sie zu zwei Dritteln im Wasser stehen. Die Temperatur des Wassers richtet sich nach dem Einkochgut. Wurde dieses heiß eingefüllt, gießt man heißes Wasser um die Gläser, bei kaltem Einkochgut kaltes. Dann auf die im Rezept angegebene Temperatur erhitzen und vom Erreichen dieser Temperatur an in der angegebenen Zeit sterilisieren.

2. Sterilisieren im Backofen: Die Gläser werden auf Lücke – damit man auch die hinteren Gläser beobachten kann – mit mindestens 2 cm Abstand voneinander in die Saftpfanne hineingestellt und etwa 2 cm hoch mit Wasser umgossen. Die Gläser müssen alle gleichgroß sein und mit dem gleichen Inhalt gefüllt sein. Im konventionellen Herd mit Ober- und Unterhitze die Temperatur auf 200° (Gas Stufe 3) einstellen. Sobald sich in den Gläsern (in allen Gläsern!) kleine Luftbläschen bilden, den Herd ausstellen und

Für das Sterilisieren im Backofen müssen alle Gläser gleich groß und mit dem gleichen Inhalt gefüllt sein.

die Gläser noch 30 Minuten im geschlossenen Backofen stehen lassen. Bei Heißluftherden kann man auf zwei Ebenen arbeiten und damit die doppelte Anzahl Gläser gleichzeitig sterilisieren. Bei den Temperaturen und Zeiten sollte man sich an die Herstellerhinweise halten. Als Faustregel kann aber eine Temperatur von 160° (Gas Stufe 3) gelten. Abgeschaltet wird ebenfalls, wenn in allen Gläsern Luftbläschen aufsteigen. Dann bleiben harte Früchte noch maximal 20 Minuten, weiche Früchte 15 Minuten im Backofen. Beeren haben je nach Konsistenz eine Nachgarzeit von 5 bis 10 Minuten.

3. Sterilisieren im Schnellkochtopf: Diese Methode ist für kleine Haushalte, in denen nur wenige Gläser eingekocht werden, besonders zu empfehlen. Es gibt seit einiger Zeit auch Spezialgläser, die es ermöglichen, 3 Gläser gleichzeitig einzukochen. Genaue Angaben finden Sie in dem jedem Schnellkochtopf beigefügten Rezeptheft.

Gläser, die aus dem Einkoch- oder Schnellkochtopf oder aus dem Backofen kommen, werden entweder auf eine dicke Schicht Küchentücher oder auf einen Gitterrost gestellt und mit einem Tuch gegen Zugluft geschützt. Erst, wenn die Gläser ganz abgekühlt sind, die Klammern entfernen und prüfen, ob alle Deckel fest sitzen. Ist noch ein Deckel lose, läßt sich die Sache mit Hilfe von Alkohol bewerkstelligen. Auf den umgedrehten Glasdeckel mindestens ein Eßlöffel hochprozentigen Rum (54% Vol.) geben und mit einem langen Streichholz anzünden. Den Deckel mit dem noch brennenden Rum rasch auf das Glas stülpen und mit einer Klammer verschließen. In der ersten Woche sollten Sie alle Gläser hin und wieder darauf überprüfen, ob die Deckel noch fest sitzen.

Marmeladen, Konfitüren, Gelees

Nach dem Gesetz gibt es Marmeladen eigentlich nur noch im traditionellen anglo-amerikanischen Sinn: Aus Zitrusfrüchten. Alles andere sind Konfitüren. Diese Kennzeichnungen gelten – dank einiger unermüdlicher EG-Kommissare – für den Lebensmittelhandel. In diesem Buch wollen wir aber die mehr küchentechnische Definition, wie wir sie von früher her kennen, beibehalten. Danach bestehen Marmeladen aus zerkleinerten Früchten, Fruchtresten oder Obst zweiter Klasse. Marmeladen sind eher musig und können sich aus bis zu vier Fruchtsorten zusammensetzen. Konfitüren von feinerer Art sollten dagegen stets die ganzen Früchte oder große Fruchtstücke enthalten und nur aus einer oder höchstens zwei Fruchtsorten bestehen. Nur die Gelees hat uns die neue Lebensmittelkennzeichnung so gelassen, wie wir sie immer kannten: Klar, durchsichtig und ohne Fruchtstücke. Denn ein Gelee besteht in erster Linie nur aus Fruchtsaft und Zucker.

Die Vor- und Zubereitung

Ob Sie nun Marmelade, Konfitüre oder Gelee herstellen wollen, vollreife Früchte eignen sich in allen drei Fällen am besten. Frühe Sorten oder unreifes Obst haben noch nicht das volle Aroma, dafür aber reichlich Säure. Überreifes Obst hat zuwenig Pektin (natürlicher Gelierstoff), es geliert schlechter und verdirbt rasch. Ein ausgewogenes Säure-Pektin-Verhältnis ist die Voraussetzung dafür, daß Marmeladen, Konfitüren und Gelees gut gelieren.

Zunächst werden die Früchte gewaschen und abgetrocknet. Dann überreife schadhafte Stellen, Wurmlöcher, Kerne oder Steine entfernt. Früchte mit viel Abfall oder großen Steinen werden nach der Vorbereitung gewogen und mit der entsprechenden Zuckermenge vermischt. Grundsätzlich nimmt man auf 1 kg Fruchtmasse 1 kg Zucker oder Gelierzucker. Nach dieser Regel lassen sich alle Marmeladen und Konfitüren herstellen. Die entsprechende Zuckermenge ist aber jeweils im Rezept angegeben. Zum Teil ist es notwendig die Früchte mit dem Zucker mehrere Stunden oder sogar über Nacht durchziehen zu lassen. Genaue Hinweise dazu finden Sie in jedem Rezept. Für Marmeladen und Konfitüren werden die gereinigten Früchte unter Zugabe von Zucker so lange gekocht, bis die Flüssigkeit weitgehend verdampft ist und die Masse zu gelieren – fest zu werden – beginnt. Wichtig ist hauptsächlich, daß der Zucker die Fruchtmasse gründlich durchdringen kann. Deshalb ist es nötig, die Früchte zu zerstampfen, im Mixer zu zerkleinern oder harte Früchte im Fleischwolf oder im Schnitzelwerk zu verarbeiten. Für Konfitüre wird ein Teil der Früchte ganz gelassen oder in sichtbare Stücke geschnitten.

Das Gelieren: Das Kochen der Marmelade, der Konfitüre oder des Gelees bis zum Gelieren, also bis zum dicklich werden, kann je nach Menge mehrere Stunden dauern. Einfacher und schneller geht es mit Gelierhilfen. Diese Zusätze machen es möglich, daß die Kochzeiten auf Minuten verkürzt werden können. Denn je länger die Kochzeit, umso größer der Verlust an Aromastoffen und Vitaminen. Gelierhilfsmittel enthalten natürliches Pektin, das zum Beispiel aus unreifen Äpfeln gewonnen wird. Pektin ist ohnehin im Obst vorhanden und bewirkt zusammen mit dem Zucker ein schnelleres Gelieren. Die Kochzeit sollte 5 Minuten nicht überschreiten. Dennoch sollten Sie grundsätzlich eine Gelierprobe machen, weil unterschiedliche Witterungsbedingungen, z. B. längere Regenperioden, die Konsistenz bzw. den Wassergehalt der Früchte beeinträchtigen können. Je mehr Wasser eine Frucht enthält, umso länger muß die Kochzeit sein.

Für die Gelierprobe nehmen Sie am besten einen Glas- oder Porzellanteller und stellen ihn kurz in den Kühlschrank, besser noch in das Gefrierfach. Darauf streichen Sie dann einen dünnen Film ihres Kochguts. Erstarrt die Masse rasch, hat sie die nötige Festigkeit. Anderenfalls wird der Topfinhalt noch einmal sprudelnd aufgekocht und die Gelierprobe wiederholt.

Das Abfüllen: Fertig gekochte Marmeladen, Konfitüren oder Gelees werden sofort noch ganz heiß in Gläser gefüllt. Die Gläser sollten nicht zu groß sein, da kleine Gläser das Gelieren fördern und die Haltbarkeit des Einkochguts besser ist. Das Glas sollte höchstens 500 ml fassen. Für Konfitüren mit großen Fruchtstücken sollte man stets Gläser mit einem Schraubdeckel oder Twist-off-Deckel verwenden. Viele Konfitüren müssen während des Abkühlens umgedreht werden, damit sich die Fruchtstücke gleichmäßig verteilen.

Ansonsten ist es eigentlich gleichgültig, in welche Form oder Sorte von Glas man die süßen Köstlichkeiten füllt. Hausfrauen, die viel einmachen, sammeln eigentlich immer: Gläser von Babynahrung, Honiggläser, selbst Gläser von Senf oder Sauerkonserven. Alle Gläser und Deckel sollten sorgfältig mit heißem Wasser und Spülmittel gereinigt werden. Dann in klarem, sehr heißem Wasser nachspülen und auf einem sauberen Küchentuch umgedreht abtropfen lassen.

Zum Füllen die Gläser auf ein feuchtes Tuch stellen. In jedes Glas zunächst 1–2 Eßlöffel der heißen Marmelade geben, diese etwas schwenken und dann das Glas vollständig füllen. Die Gläser nach dem Einfüllen sofort mit einem Schraubdeckel oder mit Einmachcellophan verschließen. Pro Glas wird ein dem Glasdurchmesser entsprechendes Stück Einmachcellophan zugeschnitten, in Alkohol getränkt und auf die Fruchtmasse gegeben. Dann das Glas mit einem etwas größer zugeschnittenem, angefeuchtetem Stück Einmachcellophan und einem Gummiring verschließen. Nach dem Abkühlen die Gläser beschriften und mit dem Haltbarkeitsdatum versehen.

Einen Tip möchte ich Ihnen noch zum Schluß geben: Konfitüren mit Alkohol sind etwas besonders Feines. Wenn das Rezept eine größere Menge Hochprozentiges vorsieht, gießen Sie es bitte nicht mit einem kühnen Schwung in die heiße Masse, sondern unter ständigem Rühren sehr, sehr langsam. Anderenfalls kann nämlich der gesamte Topfinhalt sprudelnd und stürmisch hochgehen. Das wäre nicht nur schade, sondern auch gefährlich.

Alkohol kann mehr als konservieren

Früchte in Alkohol sind auch dann nicht gerade preiswert, wenn man sie selber einmacht. Deshalb sollte man nur die besten Qualitäten wählen, sowohl die Früchte als auch den Alkohol betreffend. Obst, das nicht einwandfrei ist, hat in edlen Bränden nichts zu suchen. Und die Brände sollten stets Markenartikel sein. Es sei denn, Sie haben die Chance bei einem guten Selbstbrenner, dessen Produkte Ihnen wohlbekannt sind, einen guten und preiswerten Tropfen zu erwerben. Vom Aroma her lassen sich eigentlich alle Früchte mit Alkohol verbinden. Auf Mangos allerdings verzichtet man besser. Sie haben ein bestimmtes Enzym, das in Zusammenhang mit »Geistvollem« leicht zu Magenverstimmungen führen kann. Auch bei vollreifen Beerenfrüchten mit Kernen (Himbeeren, Brombeeren) ist Vorsicht geboten. Zu leicht können sich um die Kerne Schimmelkulturen ansiedeln, die alle Mühe zunichte machen.

Alkoholfrüchte können in Steingutgefäße oder in Glasgefäße, die zuvor mit heißem Wasser gründlich gereinigt wurden, eingelegt werden. Am praktischsten sind Gefäße, die einen Deckelverschluß mit Klammer haben. Ansonsten verschließt man die Gefäße zuerst mit starkem Pergament- oder Wachspapier, dann erst Alufolie und eventuell noch ein sauberes Tuch darüber binden. Nach jeder Entnahme muß das Gefäß wieder sorgfältig verschlossen werden.

Unter jedem Rezept finden Sie das Haltbarkeitsdatum. Es handelt sich dabei um die Mindesthaltbarkeit, sie kann also wesentlich länger dauern. Dennoch sollte man die Früchte häufig kontrollieren, weil nicht nur heimliche Naschkatzen, sondern auch Wetterumstürze und ähnliches die Haltbarkeit beeinträchtigen können. Bei ersten Anzeichen einer Gärung ist noch Rettung möglich: 1 bis 2 Eßlöffel reiner Alkohol (90% Vol.) kann den Gärprozeß unterbrechen. Jedoch ist es ratsam, die Früchte dann rasch zu verzehren. Sind die Früchte schon richtig in Gärung übergegangen, dann gibt es leider keine Rettung mehr: Der Inhalt muß weggeworfen werden.

Einlegen mit Essig und Gewürzen

Für sauer Eingelegtes gilt – ebenso wie für die Früchte in Alkohol –: Verarbeiten Sie nur erstklassige Ware! Gemüse mit weichen oder gar angefaulten Stellen kann alles verderben. Noch einige Bemerkungen zum Thema Verderben. Das Einlegen in Säure hatte in früheren Zeiten in erster Linie die Konservierung für die Wintermonate zum Ziel; daß damit auch ganz erhebliche Geschmacksverbesserungen verbunden waren, konnte die Beliebtheit der Säuerlinge nur steigern. Die Säure macht Fäulnis- und Gärungskeimen das Leben schwer und läßt Farbe und Form des Eingelegten fast unverändert. Aber damit auch wirklich nichts schief gehen kann, müssen doch einige Regeln beachtet werden:

Reinigen Sie die verwendeten Gefäße mit viel heißem Wasser und Spülmittel. Wichtig ist aber auch, daß alles möglichst kühl lagert, und daß die Gefäße gut verschlossen sind. Als Gefäße eignen sich besonders gut Gläser oder Steinguttöpfe mit Kippverschluß. Für Gefäße ohne wiederverschließbaren Deckel nehmen Sie ein Stück kräftiges Pergamentpapier, legen es auf den Gefäßinhalt und beschweren es mit einem kleinem Teller. Dann ein sauberes Tuch darüberlegen und mit Küchengarn festbinden. Beachten Sie bitte, daß grundsätzlich nur mit einem blitzsauberen »Gerät« etwas aus den Gefäßen genommen wird. Niemals mit den Fingern! Ist die Einmachflüssigkeit trüb geworden oder hat sogar Bläschen: probieren, ob das Eingelegte noch genießbar ist. Dann abgießen, in fest verschließbare Plastikschälchen umfüllen und verbrauchen.

Eingemachtes Kompott ist die Vorratshaltung schlechthin für alle Gartenbesitzer. Aber auch wer etwas Besonderes liebt und im Winter die Früchte des Sommers genießen will, findet im folgenden Kapitel nichtalltägliche Rezepte für Kompotte. Kompott ist nach dem Öffnen des Glases stets servierfertig, es schmeckt als Kuchenbelag, zu Süßspeisen, Eiskrem, solo als Dessert und als Beilage zu dunklem Fleisch. Lesen Sie die Hinweise ab Seite 7, bevor Sie mit dem Einkochen beginnen.

Grundrezept für Kompotte

Gehen Sie bitte bei Grundrezepten stets von 3 kg Früchten aus, die je nach Sorte noch entsteint oder geschält und vom Kerngehäuse befreit werden müssen. Als Kochflüssigkeit brauchen Sie stets mindestens 1 l Wasser (oder ein beliebiges Gemisch aus Wasser und Wein). Die Flüssigkeit wird mit der entsprechenden Zuckermenge aufgekocht und nach Belieben mit Gewürzen wie Zimtstange, Nelken, Ingwerwurzel oder aufgeschnittenen Vanilleschoten verfeinert. Man gibt die vorbereiteten Früchte in die Gläser und füllt mit der Flüssigkeit auf. Bedeckt die Flüssigkeit die Früchte nicht ganz, wird sie im entsprechenden Mischungsverhältnis neu zubereitet.
Süßkirschen: 300 g Zucker auf 1 l Wasser (Sterilisationsdauer: 30 Minuten bei 80°).
Sauerkirschen: 500 bis 750 g Zucker auf 1 l Wasser (Sterilisationsdauer: 30 Minuten bei 80°).
Pfirsiche: 400 g Zucker auf 1 l Wasser (Sterilisationsdauer: 30 Minuten bei 90°).
Aprikosen: 500 g Zucker auf 1 l Wasser (Sterilisationsdauer: 30 Minuten bei 90°).
Mirabellen: je nach Reifegrad 400 bis 500 g auf 1 l Wasser (Sterilisationsdauer: 30 Minuten bei 90°).
Reineclauden: je nach Reifegrad 500 bis 600 g Zucker auf 1 l Wasser (Sterilisationsdauer: 30 Minuten bei 90°).
Zwetschgen: 1500 g Zucker auf *ausnahmsweise* nur ⅜ l Wasser (Sterilisationsdauer: 30 Minuten bei 90°).
Zwetschgen müssen aber *unbedingt* mit der Zuckerlösung vorgekocht werden, ehe sie in die Gläser gefüllt und eingekocht werden.
Birnen: können keine allgemein gültigen Regeln aufgestellt werden, da die Früchte zu unterschiedlich in der Konsistenz sind. Im allgemeinen sind jedoch 300 bis 400 g Zucker auf 1 l Wasser ausreichend. Die Sterilisationsdauer beträgt 30 Minuten bei 90°.

Sauerkirschkompott

2 kg helle Sauerkirschen · ¼ l Kirschwasser · 1 Vanilleschote · ¼ l Wasser · 1 Stange Zimt · 800 g Gelierzucker

- Zubereitungszeit: 1¾ Stunden
- Zeit zum Durchziehen: über Nacht
- Ergibt 4 Gläser (je ¾ l Inhalt)

So wird's gemacht: Die Kirschen waschen und gründlich abtropfen lassen. Dann entstielen und über einer Schüssel entsteinen. Die Steine mit dem Saft in ein Sieb geben und über den Kirschen ablaufen lassen. Die Kirschen mit dem Kirschwasser mischen. Die Kirschen zugedeckt bei Zimmertemperatur über Nacht durchziehen lassen. • Am nächsten Tag die Kirschen abtropfen lassen, dabei den Saft auffangen. Die Kirschen in die vorbereiteten Gläser schichten. • Die Vanilleschote mit einem spitzen Messer aufschlitzen und das Mark herausschaben. • Das Wasser mit der zweimal durchgebrochenen Stange Zimt, der Vanilleschote und dem Vanillemark zum Kochen bringen. Den Zucker hinzufügen

und schmelzen lassen. Den Zimt und die Vanilleschote entfernen. Dann den Kirschsaft mit der Zuckerlösung mischen und alles über die Kirschen verteilen. • Die Gläser mit Gummiringen versehen und mit Klammern verschließen. Das Kirschkompott vorschriftsmäßig bei 75° in 35 Minuten sterilisieren. • Die Gläser abkühlen lassen, die Klammern entfernen und die Gläser kühl und dunkel aufbewahren.
Haltbarkeit: 8 Monate

Schmeckt gut zu: Cremespeisen aller Art, Vanille- oder Schokoladeneiscreme und aufgeschlagener kühler Crème fraîche.

Kürbiskompott

2 kg Kürbis (geputzt gewogen) · ¼ l Weinessig · ¼ l Apfelsaft · 2 unbehandelte Zitronen · 1 kg Zucker · 10 Gewürznelken · 1 Stange Zimt · 2 unbehandelte Orangen

- Zubereitungszeit: 1 Stunde
- Ergibt 4 Gläser (je ¾ l Inhalt)

So wird's gemacht: Den Kürbis schälen, halbieren und das weiche Fruchtfleisch mit den Kernen herausschaben. Das feste Fruchtfleisch in etwa 2 cm große Würfel schneiden. • Den Weinessig und den Apfelsaft in einem großen, flachen Topf mischen. • Die Zitronen unter fließendem heißem Wasser abbürsten, die Schalen abreiben, die Früchte auspressen. Den Saft und die Schale mit dem Zucker, den Gewürznelken und der zweimal durchbrochenen Stange Zimt in den Topf geben. Die Mischung sprudelnd aufkochen lassen. • Die Kürbiswürfel nacheinander in 2 Portionen hineingeben und jeweils 10 Minuten köcheln lassen. • Die Orangen ebenfalls abbürsten, abtrocknen und dünn abschälen. Die Schale in etwa 2 cm große Stücke schneiden. • Die Kürbiswürfel mit einem Schaumlöffel aus dem Sud nehmen und mit etwas Orangenschale in die vorbereiteten Gläser füllen. • Die Orangen auspressen, den Saft in den Kochsud geben und die-

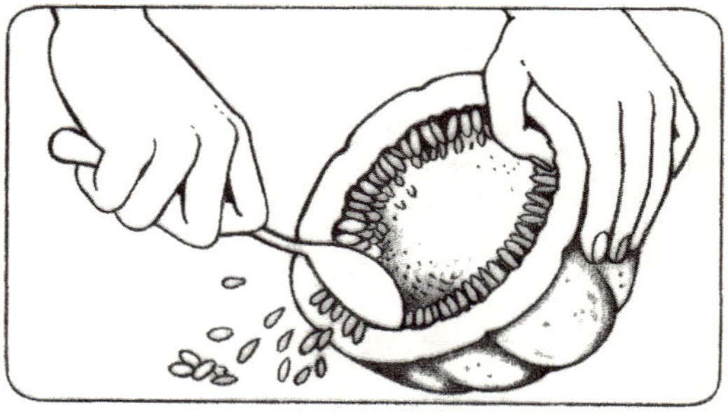

Aus dem halbierten Kürbis werden die Kerne mit einem großen Löffel herausgeschabt.

sen bei großer Hitze um etwa ⅓ einkochen, dann sofort über die Kürbiswürfel geben. • Die Gläser mit Gummiringen versehen und mit Klammern verschließen. Den Kürbis bei 75° vorschriftsmäßig 30 Minuten sterilisieren. • Nach dem Abkühlen die Klammern entfernen und die Gläser kühl und dunkel lagern.
Haltbarkeit: 1 Jahr

Schmeckt gut zu: Raclette, gekochter Pökelbrust und kaltem Pökelfleisch oder schaumig geschlagener Crème fraîche.

Quittenkompott

Bild Seite 17

Es gibt birnen- und apfelförmige Quitten. Oft wird behauptet, die birnenförmigen wären aromatischer. Ehrlich gesagt: Ich kann keinen Unterschied finden, schon gar nicht bei Quittenkompott.

2 Vanilleschoten · 2 kg Quitten · 1 l Wasser · 750 g Zucker · 1 unbehandelte Zitrone

- Zubereitungszeit: 2 Stunden
- Ergibt 4 Gläser (je ¾ l Inhalt)

So wird's gemacht: Die Vanilleschoten mit einem Messer aufschlitzen und das Mark herausschaben. Die Quitten mit einem Küchentuch abreiben, damit der weiße Flaum entfernt wird. Die Früchte dann waschen, abtrocknen und schälen. Die Schalen nicht wegwerfen. Die Quitten vierteln, die Blütenansätze abschneiden und die Kerngehäuse großzügig herausschneiden. • Die Kerngehäuse, die Schalen, das Wasser und 250 g Zucker in einem Topf mischen, aufkochen und zugedeckt 30 Minuten köcheln lassen. Die ausgekochten Abfälle mit einem Schaumlöffel in ein Haarsieb aus Plastik geben und über dem Topf abtropfen lassen, dann noch kräftig ausdrücken. Den restlichen Zucker und das Vanillemark zu dem Saft dazugeben. • Die Quitten in beliebig dicke Schnitze teilen und bei mittlerer Hitze in dem Saft in 30 Minuten weich werden lassen. • Die Zitrone unter fließendem heißem Wasser abbürsten, abtrocknen und hauchdünn abschälen. Die Schale in etwa 2 cm große Stücke schneiden. • Die Quittenstücke mit einem Schaumlöffel aus dem Saft nehmen, in die vorbereiteten Gläser schichten, dazwischen jeweils einige Stükke Zitronenschale geben. • Den Saft nochmals 10 Minuten einkochen lassen, dann rasch über die Quitten gießen. Die Gläser mit Gummiringen versehen und mit Klammern verschließen und vorschriftsmäßig bei 90° in 20 Minuten sterilisieren. Nach dem Abkühlen die Klammern entfernen und die Gläser kühl aufbewahren.
Haltbarkeit: 1 Jahr

Schmeckt gut zu: Mehlspeisen wie Hefeklößen, Hefe- oder Grießpudding oder Dampfnudeln, Sand- oder Schokoladenkuchen mit leicht gesüßter Schlagsahne und zu Wildgerichten.

Klarapfelkompott

Grüner Pfeffer gibt diesem Kompott eine besonders pikante Note, gerade darum schmeckt es gut als Beilage zu Fleischgerichten.

2 kg Kläräpfel · 4 Eßl. Essig · 2 l Wasser · 2 unbehandelte Zitronen · ½ l trockener Weißwein · 750 g Gelierzucker · ½ Teel. gemahlener Zimt · ½ Teel. gemahlener Ingwer · 3 Teel. gefriergetrocknete grüne Pfefferkörner, ersatzweise eingelegte Pfefferkörner

- Zubereitungszeit: 55 Minuten
- Ergibt 4 Gläser (je ¾ l Inhalt)

So wird's gemacht: Die Äpfel waschen, vierteln, schälen, von Blüten, Stengelansätzen und Kerngehäusen befreien und rasch in das mit dem Essig vermischte Wasser legen. • Die Zitronen unter fließendem heißen Wasser abbürsten, abtrocknen und hauchdünn abschälen. Die Schalen in etwa 2 cm große Stücke schneiden. Den Saft auspressen. Den Zitronensaft, den Weißwein, den Zucker, den Zimt, den Ingwer und die Pfefferkörner in einem großen Topf zum Kochen bringen und 5 Minuten köcheln lassen. • Die Apfelstücke abtropfen lassen, noch einmal längs halbieren und mit der Zitronenschale in die vorbereiteten Gläser schichten. Mit dem heißen Sud übergießen. Die Gläser mit Gummiringen versehen und mit Klammern verschließen. • Das Apfelkompott vorschriftsmäßig 35 Minuten bei 75° sterilisieren. Nach dem Abkühlen die Klammern entfernen und die Gläser kühl und dunkel lagern.
Haltbarkeit: 8 Monate

Schmeckt gut zu: Wildbraten oder mit heißer Vanillesoße oder Vanilleeis als Dessert.

Apfelkompott mit Wein

Bild 2. Umschlagseite

Auch für dieses Rezept können Sie eventuell im Garten reichlich vorhandenes Fallobst verwenden oder preiswerte Äpfel vom Wochenmarkt kaufen. Wichtig ist nur, daß alle Faul- und Druckstellen sorgfältig herausgeschnitten werden, damit das Kompott geschmacklich und qualitativ nicht leidet.

3,5 kg kleine, säuerliche Äpfel · 3 l Wasser · 4 Eßl. Zitronensaft · 500 g Zucker · 150 g kernlose Rosinen · 1 l trockener Weißwein · 1 Teel. gemahlener Zimt · 100 g Mandelblättchen

- Zubereitungszeit: 1¼ Stunden
- Ergibt 5 Gläser (je 1 l Inhalt)

So wird's gemacht: Die Äpfel waschen, schälen, vierteln, von Blüten- und Stengelansätzen und schadhaften Stellen befreien. Die Kerngehäuse herausschneiden. Die Apfelviertel dann noch einmal teilen • 2 l Wasser mit dem Zitronensaft vermischen. Die fertigen Apfelstücke hineinlegen, damit sie sich nicht braun verfärben. • Das restliche Wasser in einem großen Topf mit dem Zucker vermischen und einmal sprudelnd aufkochen lassen. • In der Zwischenzeit die Apfelstükke abtropfen lassen. • Die Rosinen in einem Sieb unter fließendem heißem Wasser abspülen, abtropfen lassen und mit den Apfelstücken in die vorbereiteten Gläser füllen. • Den Wein in die aufgekochte Zucker-Wasser-Lösung hineingeben und bis kurz vor dem Siedepunkt erhitzen. Dann den Zimt hineinrühren. • Die Mandeln über die Äpfel streuen und den Zuckersud darübergießen. Die Gläser mit Gummiringen versehen und mit Klammern verschließen. Das Kompott vorschriftsmäßig bei 75° in 25 Minuten sterilisieren. Die Gläser abkühlen lassen, die Klammern entfernen und die Gläser kühl und dunkel aufbewahren.
Haltbarkeit: 1 Jahr

Schmeckt gut zu: Pfannkuchen oder Reibekuchen (Kartoffelpuffer).

Mein Tip Eine ganz besondere Sauce für in Butter gebratenen Fisch Müllerin Art bekommen Sie, wenn Sie den Bratenfond mit etwas Sahne ablöschen und dann mit einigen Teelöffeln Apfelkompott verrühren. Das Ganze einmal aufkochen lassen, durch ein Sieb streichen und mit einem Hauch geriebener Muskatnuß oder gemahlenem Piment abschmecken. Ebenso können Sie eine Sauce für kurzgebratenes helles Fleisch zubereiten.

Preiselbeerkompott

1 kg Preiselbeeren · 1 unbehandelte Zitrone · 1 unbehandelte Orange · 10 g getrocknete Orangenblüten (aus der Apotheke) · 500 g Gelierzucker · ⅒ l Rum (54% Vol.)

- Zubereitungszeit: 45 Minuten
- Zeit zum Abkühlen: etwa 2 Stunden
- Ergibt 1 Glas (1½ l Inhalt)

So wird's gemacht: Die Preiselbeeren in kaltem Wasser gründlich waschen, dabei Blättchen und schadhafte Beeren entfernen. Die Beeren in einen Durchschlag geben und gut abtropfen lassen. • Die Zitrone und die Orange unter fließendem heißem Wasser abbürsten, abtrocknen und hauchdünn abschälen. Die Schalen dann in 2 mm feine Streifchen schneiden. Die Früchte

dann auspressen. • Die Preiselbeeren, die Schalenstreifen, den Saft, die Orangenblüten und den Zucker in einem Topf mischen und unter Rühren langsam zum Kochen bringen. Dann 10 Minuten sprudelnd kochen lassen, dabei ständig rühren, weil das Kompott leicht überkochen kann. Eventuell zwischendurch hin und wieder von der Heizquelle herunterziehen. • Das fertige Kompott vom Herd nehmen und die Hälfte des Rums unterrühren. Das Kompott dann in das vorbereitete Steingutgefäß oder das Glas mit Kippverschluß füllen und solange abkühlen lassen, bis die Oberfläche fest zu werden beginnt. Dann den restlichen Rum darübergießen. Das Gefäß sofort schließen. Kühl und dunkel aufbewahren, am besten in einem kühlen Keller. Sobald etwas Kompott entnommen wurde, die Oberfläche mit Klarsichtfolie (nicht mit Alufolie!) abdecken. Das Gefäß dann wieder schließen.
Haltbarkeit: 4 Monate

Schmeckt gut zu: Wildbraten, Tafelspitz, in Eierkuchen gefüllt und zu Vanilleeis als Dessert

Stachelbeerkompott

Für dieses Kompott verwendet man noch nicht ganz reife Stachelbeeren, da sie aromatischer und erfrischender sind als die reifen.

1 Vanilleschote · 2,5 kg noch nicht ganz reife Stachelbeeren · 1 unbehandelte Zitrone · 750 g Gelierzucker · 6 Gewürznelken · 1½ l Wasser

- Zubereitungszeit: 1¾ Stunden
- Ergibt 6 Gläser (je ¾ l Inhalt)

So wird's gemacht: Die Vanilleschote mit einem Messer aufschlitzen und das Mark herausschaben. Von den Stachelbeeren die Blütenansätze und Stengelchen abschneiden. Das geht besonders gut mit einer scharfen Küchenschere. Die Beeren waschen, gründlich abtropfen lassen und in die vorbereiteten Gläser füllen. • Die Zitrone unter fließendem heißem Wasser abbürsten, abtrocknen und hauchdünn abschälen. Die Schale in etwa 3 cm lange Stücke schneiden. • Den Zukker in einem Stieltopf mit dem Vanillemark mischen. Die Zitronenschale mit den Gewürznelken hinzufügen und das Wasser dazugießen. Alles langsam zum Kochen bringen und 2 Minuten sprudelnd kochen lassen. Dann über die Stachelbeeren gießen. Die Beeren müssen ganz bedeckt sein. Sonst noch etwas Sud aus Wasser und Zucker im Verhältnis 2:1 zubereiten. Die Gläser mit Gummiringen versehen und mit Klammern verschließen. Die Stachelbeeren vorschriftsmäßig bei 75° 30 Minuten sterilisieren. Die Gläser abkühlen lassen, die Klammern entfernen, die Gläser kühl und dunkel aufbewahren.
Haltbarkeit: 1 Jahr

Schmeckt gut zu: Flammeries, Puddings, Grieß- oder Reisbrei.

Pfirsichkompott mit Wein

Nimmt man Gelierzucker statt des üblichen Haushaltszuckers wird der Sud leicht sämig. Das ist besonders für manche Desserts ideal.

3 kg reife, aber feste Pfirsiche · 2 Gewürznelken je Pfirsich · 500 g Gelierzucker · ½ l Wasser · ½ l Weißwein

- Zubereitungszeit: 1¼ Stunden
- Ergibt 4 Gläser (je 1 l Inhalt)

So wird's gemacht: Die Pfirsiche mit kochendem Wasser begießen und 2 Minuten darin liegen lassen. Dann die Haut abziehen. Die Pfirsiche halbieren und entsteinen. Jede Pfirsichhälfte mit

einer Gewürznelke spicken. Die Pfirsiche sehr dicht in die vorbereiteten Gläser schichten. • Den Gelierzucker mit dem Wasser und dem Weißwein aufkochen lassen und heiß über die Früchte gießen. Die Gläser mit Gummiringen versehen und mit Klammern verschließen. Die Pfirsiche vorschriftsmäßig bei 75° in 30 Minuten sterilisieren. Nach dem Abkühlen die Klammern entfernen und die Gläser kühl und dunkel lagern.
Haltbarkeit: 1 Jahr

Schmeckt gut zu: Vanilleeis mit geschmolzener Schokolade oder Zitroneneis mit frischen Himbeeren.

Birnen in Sirup

2 kg reife, feste, längliche Birnen · 2½ l Wasser · 4 Eßl. Essig · 1 Stange Zimt · 6 Gewürznelken · 1 kleines Stück getrocknete Ingwerwurzel (2 cm) · 10 Pimentkörner · ¾ l Rotwein · ½ l Wasser · 500 g Gelierzucker

- Zubereitungszeit: 1¼ Stunden
- Ergibt 5 Gläser (je ¾ l Inhalt)

So wird's gemacht: Die Birnen im ganzen schälen und von den Blütenansätzen befreien. Die Stiele an den Früchten lassen. • 2½ l Wasser mit dem Essig in einer Schüssel mischen und jede geschälte Frucht sofort hineinlegen, damit sie nicht braun wird. • Die Stange Zimt zweimal brechen, dann zusammen mit den Gewürznelken, dem Ingwer und den Pimentkörnern in einen Mullbeutel oder ein Kaffeefilterpapier einbinden. Den Rotwein, ¼ l Wasser und den Zucker in einem großen Topf mischen, den Gewürzbeutel hineingeben und alles einmal sprudelnd aufkochen. • Die Birnen dazugeben und zugedeckt 10 Minuten leicht köcheln lassen. • Die Birnen mit einem Schaumlöffel herausnehmen und mit den Stielen nach oben sehr dicht in die vorbereiteten Gläser stellen. • Den Gewürzbeutel aus dem Sirup nehmen und diesen über die Birnen gießen. Die Gläser jedoch nur bis etwa 2,5 cm unter den Rand füllen. • Die Gläser mit Gummiringen versehen und mit Klammern verschließen. Die Birnen vorschriftsmäßig bei 80° in 30 Minuten sterilisieren. Die Gläser abkühlen lassen, die Klammern entfernen und die Gläser kühl und dunkel aufbewahren.
Haltbarkeit: 1 Jahr

Paßt gut zu: Wildbraten und gekochter Pökelbrust.

Mein Tip Reicht man die Birnen als Beilage zu Wildbraten, halbiert man sie und füllt sie mit Preiselbeersahne.

Für Quittenkompott werden die Quitten geschält und geviertelt wie Äpfel und dann wie diese in Schnitze geteilt. Der entstandene »Abfall« wird nicht weggeworfen, sondern für den Saft mitverwendet. Rezept Seite 12. ▷

Essigfrüchte

Bei uns ist es immer ein Festtag, wenn im Herbst zum ersten Mal diese Früchte auf den Tisch kommen. Wir essen sie besonders gerne als Beilage zu Reh.

750 g kleine Aprikosen · 750 g kleine dunkle Pflaumen · 500 g dunkle Süßkirschen · 500 g helle Süßkirschen · 500 g frische, reife Feigen · 1 l Weinessig · ¾ l Wasser · 1,25 kg brauner Kandiszucker · 6 eingelegte Ingwerpflaumen · 1 unbehandelte Zitrone · 10 g Gewürznelken · 1 Teel. Korianderkörner · 2 cl Rum (54% Vol.)

- Zubereitungszeit: 50 Minuten + 10 Minuten
- Ergibt etwa 1 Glas (5 l Inhalt) oder 2 Gläser (je 2,5 l Inhalt)

So wird's gemacht: Alle Früchte gründlich waschen und abtropfen lassen. Die Aprikosen und die Pflaumen an den »Nahtstellen« aufschneiden, halbieren und entsteinen. Die Kirschen entstielen. Die Feigen an der flachen Unterseite mit einem scharfen Messer über Kreuz einritzen. • Den Weinessig mit dem Wasser und dem Kandiszucker aufkochen und 5 Minuten köcheln lassen. • Die Ingwerpflaumen in dünne Scheiben schneiden. Die Zitrone unter fließendem heißen Wasser abbürsten, hauchdünn abschälen und die Schale in dünne Streifchen schneiden. Die Früchte sehr eng mit den Gewürzen, dem Ingwer und der Zitronenschale in das vorbereitete Glasgefäß mit Kippverschluß schichten. • Den heißen Sud über die Früchte gießen, das Glas rasch verschließen, kühl und dunkel aufbewahren. Nach einer Woche den Sud abgießen, erneut aufkochen, wieder über die Früchte gießen und etwas abkühlen lassen. Im Glasdurchmesser ein Stück Pergamentpapier zuschneiden. Auf die Früchte legen und den Rum vorsichtig darüber gießen. Dann einen kleinen Teller zum Beschweren auflegen. Das Glas schließlich kühl und dunkel aufbewahren.
Haltbarkeit: 6 Monate

Schmeckt gut zu: kalten Geflügelteilen, kaltem Braten, Pökelzunge, Käse- oder Aufschnittplatten und kleingeschnitten in Currygerichten, Wildragouts und Wildsaucen.

Mein Tip Geben Sie nach jeder Entnahme ein neues Stück Pergamentpapier auf die Früchte und beträufeln Sie es jeweils mit 4 Eßl. Rum. Dann halten die Früchte erheblich länger – sofern sie keinen Naschkatzen »zum Opfer« fallen.

Varianten: Zusätzlich können Sie noch folgende Früchte in den Topf geben: Birnenschnitze, Apfelscheiben, Ananasstücke oder -ringe, Weintrauben, Stachelbeeren oder Pfirsichschnitze. Die Früchte müssen stets gut mit Sud bedeckt sein. Für zusätzliche Früchte müssen Sie Weinessig und Wasser im Verhältnis 1 : 1 mischen und auf ¼ l Flüssigkeit 250 g Zucker rechnen.

◁ Mit Zimt und Nelken apart gewürzt wird die wohlschmeckende Kirsch-Punsch-Konfitüre. Die Gewürze werden zusammen mit den Kirschkernen in einem Mullbeutelchen mitgekocht, so lassen sie sich später leicht entfernen. Rezept Seite 21.

Marmeladen, Konfitüren und Gelees gehören bei uns zu den beliebtesten Brotaufstrichen. Kein Frühstück wäre ohne sie denkbar. Wer sich und andere heutzutage mit selbstgemachter Marmelade oder Konfitüre verwöhnen will, hat viele Möglichkeiten, geschmacklich interessante Varianten zuzubereiten. Durch ungewöhnliche Fruchtkombinationen, mit einem Glas Alkohol und durch besondere Gewürze werden einfache Konfitüren wesentlich reizvoller.

Grundrezept für Konfitüren

Wenn Sie Marmeladen oder Konfitüren nur ganz schlicht aus Früchten und Zucker bereiten wollen, können Sie sich stets an die einfache Formel halten: 1 kg geputzte Früchte (also netto) und 1 kg Gelierzucker. Dabei spielt es keine Rolle, ob die Früchte vor dem Einkochen mit der Gabel zerdrückt, mit dem Stampfer zerquetscht, durch den Wolf gedreht wurden oder sogar ganz bleiben. Einzige Ausnahme bildet die Erdbeere: Hier kann je nach Sorte, aber auch witterungsbedingt der Wassergehalt so hoch sein, daß die Zuckermenge reichlicher ausfallen muß – eine Gelierprobe (siehe Seite 9) ist unumgänglich notwendig. Mehr als 1 kg Gelierzucker auf 1 kg Früchte aber werden Sie selten brauchen.

Wollen Sie jedoch die Zuckermenge durch den Zusatz von Geliermitteln reduzieren, richten Sie sich bitte nach den Hinweisen der jeweiligen Hersteller.

Zwei-Kirsch-Konfitüre

Das Rezept für diese Konfitüre »vermachte« mir eine Freundin, in deren Garten ein 50jähriger, stets überreichlich tragender Walnußbaum steht. Um die alljährliche Ernte zu bewältigen, hat sie in den letzten Jahren einen lebhaften Erfindergeist für immer neue Rezepte mit Walnüssen entwickelt.

1 kg Süßkirschen (entsteint gewogen) · 1 kg Sauerkirschen (entsteint gewogen) · 200 g gehackte Walnußkerne · 2,25 kg Gelierzucker · 2 unbehandelte Orangen · 1/10 l Cognac oder Weinbrand

- Zubereitungszeit: 2 Stunden
- Zeit zum Durchziehen: über Nacht

So wird's gemacht: Die Kirschen waschen, gründlich abtropfen lassen, entstielen und entsteinen. In eine große Steingutschüssel geben, mit den Walnußkernen und dem Zucker vermischen. Zugedeckt über Nacht an einem kühlen Ort durchziehen lassen. • Am nächsten Tag bei mittlerer Hitze zum Kochen bringen und solange sanft köcheln lassen, bis die Früchte ganz weich sind. • Nebenher die Orangen unter fließendem heißen Wasser abbürsten, abtrocknen und hauchdünn abschälen. Die Früchte auspressen. Die Schale in dünne Streifchen schneiden und zu der Konfitüre geben, wenn die Früchte weich sind. • Die Konfitüre dann nochmals 30 Sekunden sprudelnd kochen lassen. Den Topf vom Herd ziehen, den Orangensaft und den Cognac oder den Weinbrand in die Konfitüre rühren und diese rasch in vorbereitete Gläser mit Schraubdeckel füllen. Die Gläser verschließen, beschriften und die Konfitüre abkühlen lassen. Dabei hin und wieder umdrehen, damit sich Früchte, Nüsse und Schalenstreifen gleichmäßig verteilen können.
Haltbarkeit: 6 Monate

Kirsch-Punsch-Konfitüre

Bild Seite 18

1,5 kg dunkle Süßkirschen (entsteint gewogen) · 6 Gewürznelken · 1 Stange Zimt · 1,75 kg Gelierzucker · ¼ l trockener Rotwein · ⅒ l Kirschwasser

- Zubereitung: 1½ Stunden
- Zeit zum Durchziehen: 5 bis 6 Stunden

So wird's gemacht: Die Kirschen waschen, gründlich abtropfen lassen und entstielen. Dann über einer Schüssel entsteinen. • 12 Kerne in ein Tuch einwickeln und mit einem Hammer aufschlagen. Das Kerninnere zusammen mit den Gewürznelken und der dreimal durchgebrochenen Stange Zimt in einen Mullbeutel oder ein Kaffeefilterpapier geben und zubinden. • Die Kirschen in einer großen Steingutschüssel mit dem Zucker mischen. Die Kirschkerne in ein Sieb schütten und über den Kirschen ablaufen lassen. Das Mullbeutelchen zu den Kirschen geben. • Alles zugedeckt bei Zimmertemperatur 5 bis 6 Stunden durchziehen lassen. Dann in einem Topf mit ⅛ l Rotwein vermischen und langsam zum Kochen bringen. 5 Minuten köcheln lassen, damit die Früchte weich werden, sie sollen aber nicht zermusen. • Den Topf vom Herd ziehen und den Mullbeutel aus der Konfitüre nehmen. • Den restlichen Rotwein und das Kirschwasser hineinrühren. Die Konfitüre rasch in vorbereitete Gläser mit Schraubdeckel füllen, die Gläser verschließen, beschriften und die Konfitüre abkühlen lassen. Während des Abkühlens häufig umdrehen, damit sich die Früchte gut verteilen können. Kühl und dunkel aufbewahren.
Haltbarkeit: 6 Monate

Himbeerkonfitüre

Dies ist ganz sicher mein einfachstes Konfitürenrezept – aber gerade darum schätze ich es so sehr. Weil in der Kombination mit dem Honig das zarte Himbeeraroma unvergleichlich zur Geltung kommt, durch nichts übertönt, sondern durch den Himbeergeist nur noch ein wenig unterstrichen wird.

1,25 kg Himbeeren · 500 g Akazienhonig · 2 Teel. Agar-Agar · 2 Eßl. Fruchtzucker · 3 Eßl. Wasser · 3 cl Himbeergeist

- Zubereitungszeit: 35 Minuten

So wird's gemacht: Die Himbeeren verlesen, vorsichtig aber sorgfältig waschen, sehr gründlich abtropfen lassen. Mit dem Honig in einer Schüssel vermischen und mit den Rührstäben des Handrührgeräts zu einer glatten Masse verarbeiten. Dabei mit Stufe 1 beginnen und langsam auf Stufe 3 steigern. • Den Agar-Agar in einem Schälchen mit dem Fruchtzucker vermischen und mit dem Wasser glattrühren. • Zuerst diese Mischung, dann den Himbeergeist in die Konfitüre rühren. Die Konfitüre in vorbereitete Gläser mit Schraubdeckel geben. Die Gläser verschließen, beschriften und im Kühlschrank aufbewahren.
Haltbarkeit: 6 Wochen

Schmeckt gut zu: frischem Weißbrot oder Zwieback mit Frischkäse oder Doppelrahmfrischkäse bestrichen.

Mein Tip Fruchtzucker erhalten Sie in der Diätabteilung des Lebensmittelhandels oder im Reformhaus.

Nektarinen-Konfitüre

Nektarinen haben kein starkes Eigenaroma, darum sollte man das Aroma stets mit Minzblättchen und Limettenschalen unterstützen.

2 kg vollreife Nektarinen · Gelierzucker nach Fruchtgewicht · 25 g Minzblättchen · 2 unbehandelte Limetten (ersatzweise 2 kleine Zitronen) · 100 g Mandelblättchen

- Zubereitungszeit: 45 Minuten
- Zeit zum Durchziehen: 2 Stunden

So wird's gemacht: Die Nektarinen waschen, halbieren und dabei die Kerne herauslösen. Das Fruchtfleisch in Würfel schneiden, abwiegen und mit der gleichen Menge Gelierzucker vermischen. Zugedeckt bei Zimmertemperatur 2 Stunden durchziehen lassen. • In der Zwischenzeit die Minzblättchen vorsichtig waschen, auf Haushaltspapier legen und trockentupfen. Dann in dünne Streifen schneiden. • Die Limetten unter fließendem heißen Wasser gründlich abbürsten, hauchdünn abschälen und auspressen. Die Limettenschalen in ganz feine Streifchen schneiden. • Die Nektarinenwürfel mit dem Zucker unter häufigem Rühren aufkochen und 4 Minuten kochen lassen. • Dann erst die Minzblättchen, den Limettensaft, die -schale und die Mandelblättchen einrühren. Die Konfitüre noch einmal aufkochen, dann rasch in vorbereitete Gläser mit Schraubdeckel füllen. Die Gläser verschließen, beschriften und die Konfitüre abkühlen lassen. Dabei häufig wenden, damit sich die Fruchtstücke, die Schalenstreifen und die Mandelblättchen gleichmäßig verteilen.
Haltbarkeit: 6 Monate

Variante: Sie können auch 1 kg Nektarinen durch 1 kg Aprikosen ersetzen.

Wachauer Heidelbeer-Konfitüre

1 kg Heidelbeeren · 500 g reife Stachelbeeren · 1 kg Zucker · ½ Teel. Ingwerpulver · ½ Teel. gemahlener Koriander · ½ Normalflasche flüssiges Geliermittel · 6 cl Marillenschnaps

- Zubereitungszeit: 1¼ Stunden

So wird's gemacht: Die Heidelbeeren und die Stachelbeeren getrennt voneinander waschen und abtropfen lassen. Die Stachelbeeren mit der Küchenschere von Blüten- und Stengelansätzen befreien und mit dem Schneidstab des Handrührgeräts oder im Mixer pürieren. • Die pürierten Stachelbeeren mit den Heidelbeeren, dem Zucker, dem Ingwerpulver und dem Koriander mischen, langsam zum Kochen bringen und 2 Minuten sprudelnd aufkochen lassen. • Dann das Geliermittel einrühren und alles nochmal

Mein Tip Verwenden Sie diese Konfitüre doch einmal zur Herstellung einer ganz besonderen Eiscreme. 250 g geschlagene, süße Sahne mit 6 Eßlöffeln Konfitüre vermischen und diese im Gefrierfach fest werden lassen. Dabei hin und wieder umrühren, damit sich keine allzugroßen Kristalle bilden. Oder ½ Haushaltsbecher Vanilleeiscreme etwas antauen lassen. Mit den Schneebesen des Handrührgeräts cremig rühren und dabei mit der Konfitüre vermischen. Dann wieder fest werden lassen. Mit einem Kugelportionierer in Servierschalen füllen, mit je einem Klecks Konfitüre und Schlagsahne verzieren.

brausend aufkochen lassen. Vom Herd ziehen und den Marillenschnaps hineinrühren. Die Konfitüre rasch in vorbereitete Gläser füllen. Die Gläser verschließen, beschriften und kühl und dunkel aufbewahren.
Haltbarkeit: 6 Monate

Ananas-Orangen-Konfitüre

Bild Seite 28

Für diese Konfitüre sollten die Ananasfrüchte wirklich reif sein. Erkennen kann man den Reifegrad an der goldgelben Farbe der Schale, die Blätter der Blattkrone lassen sich leicht herausziehen und die Ananas duftet intensiv.

2 unbehandelte Orangen · 1 unbehandelte Zitrone · 2 große Ananas von je ca. 1 kg Gewicht · Gelierzucker nach Fruchtmenge · 1 Teel. Ingwerpulver

- Zubereitungszeit: 50 Minuten
- Einweichzeit: 2 Tage

So wird's gemacht: Die Orangen und die Zitrone unter fließendem heißen Wasser gründlich abbürsten. Dann längs vierteln und die Viertel noch einmal quer halbieren. Die Fruchtstücke in ein hohes Glas mit Schraubdeckel geben und ganz mit Wasser bedecken. Das Glas gut verschlossen für 2 Tage in den Kühlschrank stellen. • Am Tag der Zubereitung die Fruchtstücke in ein Sieb schütten und abtropfen lassen. • Die Ananas von den Blattkronen und vom Wurzelansatz befreien, dann schälen und mit einem spitzen Messer die »Augen« aus dem Fruchtfleisch herausschneiden. Die Früchte längs achteln und die harten Innenteile herausschneiden. • Die Ananas- und die Zitrusfruchtstücke durch die grobe Scheibe des Fleischwolfs drehen, dann abwiegen und die gleiche Menge Gelierzucker unter das Fruchtmark rühren. • Alles in einen großen Edelstahl- oder Emailletopf geben und unter Rühren langsam zum Kochen bringen. Sobald

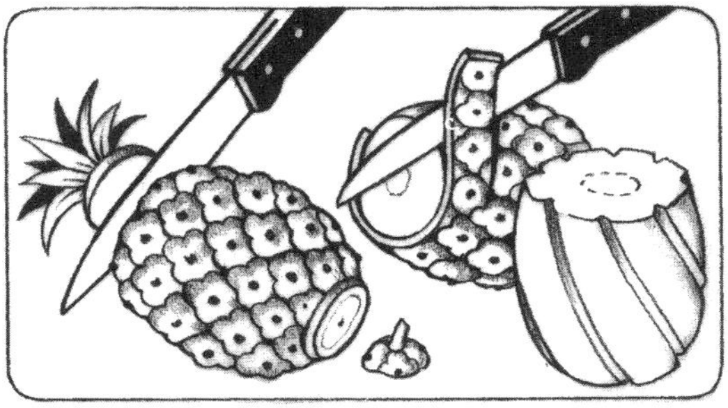

Ananas wird von beiden Enden befreit und großzügig geschält. Die »Augen« werden mit diagonalen Schnitten herausgetrennt.

das Mus zu Kochen beginnt, das Ingwerpulver hineinrühren. Das Mus 2 Minuten sprudelnd kochen lassen, dann vom Herd nehmen und eine Gelierprobe machen. • Ist die Konfitüre fest genug, in vorbereitete Gläser geben, rasch verschließen, beschriften und abkühlen lassen, dann kühl und dunkel aufbewahren.
Haltbarkeit: 8 Monate

Mein Tip Wenn Sie die Konfitüre ein wenig herber mögen, geben Sie zusätzlich noch die in hauchdünne Streifchen geschnittene und mit kochendem Wasser blanchierte Schale einer zweiten unbehandelten Zitrone zusammen mit dem Ingwerpulver hinein. Sehr gut schmeckt es auch, wenn der Konfitüre ein kräftiger Schuß weißer Rum hinzugefügt wird.

Johannisbeer-Kirsch-Konfitüre

Die Kombination von säuerlichen Früchten mit der aromatischen Süße des Honigs ist besonders reizvoll.

1 kg rote Johannisbeeren · 1,25 kg dunkle Süßkirschen · 600 g Lindenblüten- oder Kleehonig · 4 Teel. Agar-Agar · 4 Eßl. Fruchtzucker (Reformhaus oder Diätabteilung) · 6 Eßl. frisch gepreßter Orangensaft · 4 cl Kirschlikör

- Zubereitungszeit: 1½ Stunden (ohne Zeit zum Abkühlen)

So wird's gemacht: Die Johannisbeeren und die Kirschen gründlich waschen und abtropfen lassen. Die Johannisbeeren mit einer Gabel von den Rispen streifen. Die Kirschen entstielen und entsteinen. • Zusammen mit den Johannisbeeren in einem großen Topf zum Kochen bringen und etwa 5 Minuten köcheln lassen, bis die Kirschen halbweich sind. • Die Früchte dann in eine Edelstahlschüssel geben, in der sie besonders schnell abkühlen. Damit das Abkühlen schneller geht, mit den Rührstäben des Handrührgeräts auf Stufe 1 stetig rühren. • Wenn die Fruchtmasse nur noch lauwarm ist, eßlöffelweise den Honig hinzufügen, dabei ständig weiterrühren bis sich Honig und Früchte zu einem glatten Mus verbunden haben. • Den Agar-Agar in einem Schälchen mit dem Fruchtzucker vermischen und mit dem Orangensaft glattrühren. Unter das Fruchtmus rühren und dieses rasch in vorbereitete Gläser mit Schraubdeckeln füllen. Die Oberfläche etwas fest werden lassen, dann den Kirschlikör gleichmäßig darüber träufeln. Die Gläser verschließen, beschriften und kühl und dunkel aufbewahren.
Haltbarkeit: 2 Monate

Rhabarberkonfitüre mit Trockenfrüchten

Trotz Umzug in einen neuen Garten, einem Jahrhundertsommer und mehreren verregneten Frühjahren wächst unsere ursprünglich als winziger Ableger zu uns gekommene Rhabarberstaude ununterbrochen und zwingt uns so zu ständig neuen Varianten. Diese Konfitüre ist eine davon.

250 g getrocknete Feigen · 125 g Zitronat · 2 unbehandelte Orangen · ¼ l halbtrockener Sherry (Amontillado) · 1,5 kg roter Rhabarber · 2 kg Gelierzucker

- Zubereitungszeit: 1 Stunde
- Zeit zum Durchziehen: über Nacht

So wird's gemacht: Die Feigen in etwa ½ cm große Würfel schneiden. Das Zitronat ganz fein hakken. Die Orangen unter fließendem heißen Wasser abbürsten, gut abtrocknen und hauchdünn abschälen. Die Schale in dünne Streifchen schneiden. Die Orangen in Folie wickeln und bis zum nächsten Tag beiseite legen. • Die Feigen, das Zitronat und die Orangenschale mit dem Sherry begießen und zugedeckt an einen kühlen Ort, jedoch nicht in den Kühlschrank stellen. • Am nächsten Tag den Rhabarber waschen, wenn nötig die Haut abziehen und in etwa 2 cm lange Stücke schneiden. Mit dem Gelierzucker mischen und langsam zum Kochen bringen. • Die Orangen auspressen. Die Feigen, das Zitronat und die Orangenschalen abtropfen lassen, die Einweichflüssigkeit auffangen. Sobald der Rha barber kocht, die Früchte in die Konfitüre rühren und alles noch 5 Minuten sprudelnd kochen lassen. Dabei stets kräftig rühren. Den Topf vom Herd nehmen, die Einweichflüssigkeit und den Orangensaft in die Konfitüre rühren und diese

rasch in vorbereitete Gläser füllen. Die Gläser verschließen und beschriften. Die Konfitüre kühl und dunkel aufbewahren.
Haltbarkeit: 8 Monate

Varianten: Statt der Feigen können Sie auch Walnußkerne in die Konfitüre geben. Die Walnußkerne werden jedoch nicht eingeweicht. Oder Sie mischen den Rhabarber mit Ingwer. Frischen Ingwer können Sie dann ebenfalls in Sherry einweichen, kandierter kommt so hinein. Den Sherry können Sie übrigens durch Portwein oder durch eine Mischung aus ⅔ Orangensaft und ⅓ Orangenlikör (Cointreau) ersetzen.

Mirabellenkonfitüre

2 kg reife Mirabellen · 50 g frische Ingwerwurzel · Gelierzucker nach entsteintem Fruchtgewicht · 1 Stange Zimt · 4 Stücke Sternanis · 6 cl Mirabellengeist (ersatzweise weißer Rum)

- Zubereitungszeit: 1½ Stunden (ohne Zeit zum Durchziehen)

So wird's gemacht: Die Mirabellen in reichlich kaltem Wasser waschen, gründlich abtropfen lassen und entsteinen. • Die Ingwerwurzel schälen und reiben oder in hauchdünne Scheiben schneiden und hacken. Die Stange Zimt zweimal durchbrechen. • Die Mirabellen abwiegen und die gleiche Menge Gelierzucker hinzufügen. Den Ingwer, den Zimt und den Sternanis ebenfalls hinzugeben und alles zugedeckt an einem kühlen Ort (jedoch nicht im Kühlschrank) über Nacht oder mindestens 6 Stunden durchziehen lassen. Dabei ein- bis zweimal durchrühren. • Die Stange Zimt und den Sternanis entfernen. Die Mirabellen in einem großen Topf unter häufigem Rühren aufkochen und 4 Minuten sprudelnd kochen lassen. Dann den Topf vom Herd ziehen, 4 cl Mirabellengeist in die Konfitüre rühren und diese rasch in vorbereitete Gläser füllen. • Dem Glasdurchmesser entsprechend große Stücke Einmachcellophan zuschneiden und in dem restlichen Mirabellengeist tränken. Auf die Konfitüre legen und die Gläser verschließen und beschriften. Kühl und dunkel aufbewahren.
Haltbarkeit: 8 Monate

Varianten: Ebenso können Sie Reineclauden- oder Aprikosenkonfitüre zubereiten. Bei den Reineclauden sollten Sie jedoch statt des Sternanis einige Gewürznelken hinzufügen. Für Aprikosenkonfitüre binden Sie die Kerne von 12 Steinen in einen Mullbeutel und lassen diese mit durchziehen und mitkochen. Erst unmittelbar vor dem Einfüllen in die Gläser werden sie aus der Marmelade genommen.

Erdbeermarmelade

125 g ungeschwefelte, getrocknete Aprikosen · 1,5 kg Erdbeeren · 450 g Akazienhonig · 1 Vanilleschote · 3 Teel. Agar-Agar · 3 Eßl. Fruchtzucker (aus dem Reformhaus oder der Diätabteilung) · 4 Eßl. Wasser · 4 Eßl. Kirschlikör

- Zubereitungszeit: 50 Minuten

So wird's gemacht: Die Aprikosen ganz fein würfeln. Die Erdbeeren waschen, gründlich abtropfen lassen und entstielen. Dann durch die grobe Scheibe des Fleischwolfs drehen. Die Erdbeeren mit dem Honig in einem Topf vermischen. Die Vanilleschote aufschneiden, das Mark herausschaben und zusammen mit den Schotenteilen in das Erdbeermus hineingeben. Die Aprikosen hinzufügen. Bei schwacher Hitze zu einer glatten Masse rühren, dabei sollten 35 bis 40° nicht überschritten werden. • Den Agar-

Agar in einem Schälchen mit dem Fruchtzucker vermischen und mit dem Wasser glattrühren. In die Marmelade hineinrühren. Die Vanilleschotenstücke entfernen • Die Marmelade in vorbereitete Gläser mit Schraubdeckel füllen und jeweils mit etwas Kirschlikör beträufeln. Die Gläser verschließen, beschriften und kühl und dunkel im Kühlschrank aufbewahren.
Haltbarkeit: 2 Monate

Mein Tip Akazienhonig hat einen intensiven, etwas parfümiert wirkenden Geschmack. Wer das nicht mag, ersetzt ihn durch Kleehonig. Sehr delikat ist auch die Kombination mit Orangenblütenhonig.

Echte Orangenmarmelade

So lieben die Engländer »ihre« Orangenmarmelade: Bittersüß. Darum verwenden sie meist Sevilla-Orangen, auch Pomeranzen genannt, die kleinen, extrem bitteren »Vorfahren« der Orangen. Bei uns werden Pomeranzen so gut wie nie im Handel angeboten, auch ist der so stark bittere Geschmack nicht jedermanns Sache. Also nehmen wir ganz »normale« Orangen für diese Marmelade.

2 kg unbehandelte Orangen · 1½ l Wasser · Gelierzucker nach gekochtem Fruchtgewicht

- Zubereitungszeit: etwa 2½ Stunden

So wird's gemacht: Die Orangen unter fließendem heißen Wasser abbürsten, in einen flachen Topf geben und mit dem Wasser begießen. Die Früchte sollen eben bedeckt sein, eventuell noch etwas Wasser hinzufügen. Das Wasser aufkochen und die Früchte zugedeckt etwa 1 Stunde kochen lassen, bis sie mit einem Holzstäbchen leicht einzustechen sind. • Die Früchte abtropfen lassen, die Flüssigkeit dabei auffangen und beiseite stellen. • Die Orangen vierteln, mit einem spitzen Messer die Kerne herausnehmen und ebenfalls beiseite stellen. Die Fruchtstücke dann quer in dünne Scheiben schneiden, abwiegen und die gleiche Menge Gelierzucker abwiegen. • Den Zucker mit der Kochflüssigkeit in einem großen Topf vermischen, unter Rühren aufkochen und bei starker Hitze um etwa ⅓ einkochen lassen. • Die Kerne in einen Mullbeutel einbinden und zusammen mit dem Fruchtfleisch in den Zuckersirup geben. Die Marmelade bei mittlerer Hitze noch 30 Minuten kochen lassen, bis die Schalen glasig sind. Während des Kochens hin und wieder umrühren, damit die Marmelade nicht anbrennt. • Eine Gelierprobe machen. Ist die Marmelade noch nicht fest genug, muß sie noch etwa 10 Minuten länger gekocht werden. Dann wieder eine Gelierprobe machen. Die fertige Marmelade vom Herd nehmen, den Mullbeutel entfernen. Den Schaum abschöpfen,

Unübertrefflich gut schmeckt das Brombeergelee natürlich mit selbstgesammelten wilden Beeren zubereitet. Mit zerstoßenen Wacholderbeeren bekommt das Gelee eine aparte Geschmacksvariante. Rezept Seite 31. ▷

die Marmelade nochmals kräftig durchrühren. Dann in vorbereitete Gläser mit Schraubdeckel füllen. Die Gläser verschließen und beschriften. Während des Abkühlens häufig umdrehen damit sich die Schalen gleichmäßig in der Marmelade verteilen. Die Marmelade kühl aufbewahren.
Haltbarkeit: 6 Monate

Varianten: Verwenden Sie statt der Orangen entweder eine Mischung aus Orangen und Zitronen, nur Zitronen oder rosa Grapefruits. Die fertigen Marmeladen kann man mit Whisky, Orangenlikör oder weißem Rum verfeinern.

Mein Tip Man kann mit der Orangenmarmelade Sahnesoßen von kurzgebratenem Fleisch oder Soßen von Wildbraten verfeinern. Sie eignet sich aber auch, verrührt mit Preiselbeeren, Cognac und etwas Ingwerpulver, als kalte Soße zu kaltem Roastbeef, kaltem Wild oder geräucherten Forellenfilets.

◁ Den Reifegrad von Ananas erkennt man an der goldgelben Schale und daran, daß sich die Blätter leicht aus der Blattkrone ziehen lassen. Die Früchte für die Ananas-Orangen-Konfitüre müssen unbedingt ganz reif sein, wenn sie intensiv schmecken soll. Rezept Seite 23.

Birnen-Ingwer-Marmelade

Diese Marmelade verdankt ihre Entstehung unserem Einkaufsrausch bei einem Obstbauern am Bodensee. Wir hatten völlig übersehen, daß sich zwar die Äpfel, nicht aber die Birnen lagern ließen. Und nach drei Tagen intensivem Birnengenuß trat die ganze Familie in Streik. Aus dieser Zwangslage heraus, entstand das folgende Rezept.

1,5 kg aromatische, reife Birnen · je 1 unbehandelte Orange und Zitrone · 1,5 kg Gelierzucker · 100 g kandierter Ingwer · 1 Msp. gemahlener Kardamom · 3 Eßl. Williamsbirnengeist

● Zubereitungszeit: 1 Stunde

So wird's gemacht: Die Birnen waschen, vierteln, schälen, von den Blüten- und den Stengelansätzen befreien, entkernen und durch den Fleischwolf (grobe Scheibe) drehen. • Die Orange und die Zitrone unter fließendem heißen Wasser gründlich abbürsten, abtrocknen und hauchdünn abschälen. Die Schalen in ganz feine Streifchen schneiden. Die Früchte dann auspressen. • Die Schalen, den Saft und den Gelierzucker mit den Birnen vermischen, in einen großen Topf geben und langsam zum Kochen bringen. • Nebenher die Ingwerstücke sehr fein hacken, in die Marmelade rühren und diese 5 Minuten kochen lassen. Mit dem Kardamom würzen und rasch in vorbereitete Gläser füllen. • Dem Glasdurchmesser entsprechend Stücke von Einmachcellophan zuschneiden. Mit dem Williamsbirnengeist tränken und auf die Marmelade legen. Die Gläser verschließen, beschriften und kühl und dunkel aufbewahren.
Haltbarkeit: 8 Monate

Grundrezept für Zwetschgenmus

Dunkelblaue Pflaumen und »echte« Zwetschgen lassen sich heute nur noch schwer unterscheiden, sowohl äußerlich als auch vom Geschmack her. Um aus ihnen ein wirklich gutes Mus zu kochen, ist es vor allem wichtig, daß es sich um späte Früchte handelt. Die früh geernteten Früchte schmecken zwar roh süß und sind sehr saftig, sie enthalten aber noch zuviel Fruchtsäure und zuwenig Zucker, um ein optimales Ergebnis zu erbringen.

Die Zubereitung ist denkbar einfach:

3 kg gewaschene, entsteinte und nach Belieben geviertelte oder durch den Fleischwolf gedrehte Früchte werden mit 500 g Zucker und eventuell noch einigen Gewürzen wie gemahlenem Zimt, Nelkenpulver oder gemahlenem Piment vermischt. Dann gibt man die Masse in die sehr gründlich gereinigte Fettpfanne des Backofens und läßt sie bei 180° (Gas Stufe 2) solange eindünsten, bis das Mus die gewünschte Konsistenz hat. Der Einkochvorgang kann 2 Stunden und länger dauern. Wichtig ist, daß das Mus *niemals* umgerührt wird. Auf diese Weise kann man ein Zwetschgenmus aber auch ohne Zuckerbeigabe bereiten (sollte aber auf die Gewürze wie Zimt und/oder Nelken nicht verzichten). Dann braucht das Mus mindestens 6 Stunden, ehe es fertig und von »hoher Verzüglichkeit« ist, wie eine meiner Tanten zu sagen pflegte.

Feines Apfelmus

Für dieses Mus kann man sehr gut die frühen Apfelsorten verwenden, wenn die ersten Früchte als Fallobst vom Baum fallen. Auch wenn sie dann noch nicht reif sind, macht das gar nichts. Wichtig ist nur, daß alle braunen oder leicht angefaulten Stellen mehr als großzügig herausgeschnitten werden.

1,5 kg säuerliche Äpfel (vorbereitet gewogen) · 0,7 l Johannisbeernektar (aus dem Reformhaus) · 1¼ l Schlehenmost (aus dem Reformhaus) · ⅛ l Sanddorndicksaft · ½ Teel. gemahlener Zimt · 1 kräftige Prise geriebene Muskatnuß · 1 kräftige Prise Salz · abgeriebene Schale einer unbehandelten Zitrone · 500 g Gelierzucker · 2 Teel. Agar-Agar · 4 Eßl. Rum (54% Vol.)

- Zubereitungszeit: 2½ Stunden
- Ruhezeit: über Nacht

So wird's gemacht: Die Äpfel waschen, abtrocknen, vierteln, von den Kernen, den Blüten- und den Stengelansätzen und eventuellen schadhaften Stellen befreien. Dann schälen und grob würfeln. • Mit dem Johannisbeernektar, dem Schlehenmost und dem Sanddorndicksaft vermischen und bei mittlerer Hitze unter häufigem Rühren in etwa 2 Stunden zu einem dünnen Mus einkochen. • Dann erst den Zimt, das Muskatpulver, das Salz, die Zitronenschale und den Gelierzucker einrühren und das Mus noch einmal sprudelnd aufkochen. Vom Herd nehmen und das zuvor mit 2 Eßlöffeln Wasser glattgerührte Agar-Agar gründlich untermischen. Das Mus in vorbereitete Gläser füllen und über Nacht offen stehen lassen, so daß sich an der Oberfläche eine feste Schicht bildet. • Am nächsten Morgen pro Glas ein dem Durchmesser entsprechendes Stück Einmachcellophan zuschneiden und in dem Rum tränken. Auf das Mus legen und die Gläser verschließen und beschriften. Das Mus kühl und dunkel aufbewahren.
Haltbarkeit: 3 Monate

Schmeckt gut zu: hellem Bauernbrot als Aufstrich, gemischt mit frischen Apfelstücken zu Wildbraten

Gelees sind besonders feine Ernte-Köstlichkeiten. Sie sind sozusagen die feinen Schwestern der Konfitüren. Sie sollten möglichst immer in Gläser gefüllt werden, denn mit ihren leuchtenden Farben sind sie ja auch ein Augenschmaus.

Die Saftgewinnung

Die einfachste Methode der Saftgewinnung ist die mit einem Dampfentsafter. Auch mit einem Schnellkochtopf ist es relativ einfach, Saft zuzubereiten. Diesen Töpfen sind genaue Anleitungen der Hersteller beigefügt, die man auf jeden Fall beachten sollte.

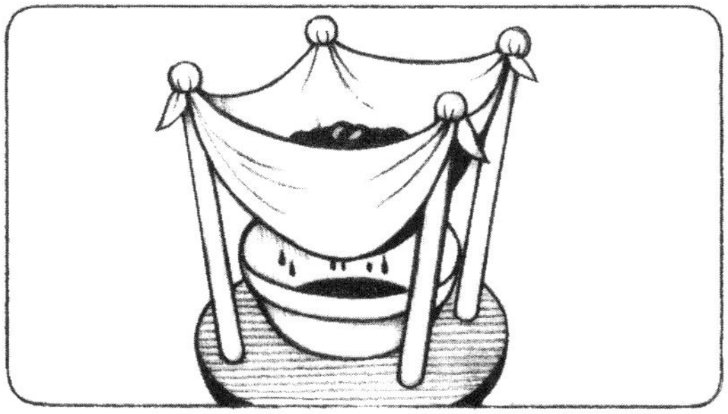

Die einfachste Möglichkeit der Saftgewinnung: Ein Tuch wird über einen umgekippten Hocker gespannt, ein Eimer daruntergestellt und das Fruchtmark in das Mulltuch gegeben.

Die arbeitsintensivste Form ist das Abtropfen lassen der Früchte in einem Mulltuch. Vorher müssen sie stets gekocht werden. Hartschalige Früchte werden mit wenig Wasser solange gekocht bis sie zu Mus zerfallen. Weiche Früchte können ohne Wasser gekocht werden. Bei kleineren Mengen legt man ein großes Haarsieb mit einem Mulltuch aus und läßt den Saft in eine Schüssel ablaufen. Bei größeren Mengen greife ich stets auf die altbewährte Methode zurück: Ein großes Mulltuch (sehr gut eignet sich eine neue, ausgekochte Kinderwindel) an die vier Beine eines umgedrehten Hockers binden. Einen Eimer oder eine große Schüssel darunter stellen. Das Fruchtmark in das Mulltuch geben und über Nacht abtropfen lassen. Am nächsten Tag noch vorsichtig ausdrücken. Je weniger Fruchtmark Sie dabei durchdrücken, umso klarer bleibt der Saft.

Den Saft brauchen Sie nun nicht sofort zu Gelee verarbeiten, Sie können ihn getrost einfrieren und dann je nach Bedarf mit einer Gelierzuckermenge im Verhältnis 1:1 einkochen.

Grundrezept für Gelees

Das Mischungsverhältnis Saft/Zucker für ein Gelee ist auch hier wieder *in jedem Fall* 1:1. Man benötigt also für 1 l Saft 1 kg Gelierzucker. Haben Sie jedoch den Saft schon mit Zucker zubereitet, ziehen Sie die Hälfte dieser Zuckermenge von dem noch hinzuzufügenden Gelierzucker ab. Das heißt: wenn Sie aus 2 kg Klaräpfeln und 500 g Zucker 1½ l Saft gewonnen haben, müssen Sie für das Apfelgelee nicht 1,5 kg Gelierzucker hinzufügen, sondern nur noch 1,25 kg. Gelees können mit Gelierhilfen ebenfalls mit weniger Zucker zubereitet werden. Auch in diesem Fall bitte die Packungshinweise genau beachten.

Brombeergelee

Bild Seite 27

1,5 kg Brombeeren · Gelierzucker nach Saftmenge · 4 Eßl. Zitronensaft

- Zubereitungszeit: 45 Minuten
- Zeit zum Ablaufen: 12 Stunden

So wird's gemacht: Die Brombeeren verlesen und gut waschen. Dann in einem Topf unter Rühren aufkochen lassen. • Ein Plastiksieb mit einem Mulltuch auskleiden und die Brombeeren hineinschütten. Das Sieb über einen tiefen Topf hängen und den Saft über Nacht ablaufen lassen. • Am nächsten Tag die Rückstände ausdrükken. Den gewonnenen Saft genau abmessen und dann die entsprechende Menge Gelierzucker abwiegen. • Saft und Zucker in einem Topf mischen, den Zitronensaft einrühren und alles zum Kochen bringen. Einmal kräftig sprudelnd aufkochen lassen, dann den Topf vom Herd ziehen. • Das Gelee nun rasch in vorbereitete Gläser füllen und mit Einmachcellophan oder passenden Deckeln verschließen. Kühl und dunkel aufbewahren.
Haltbarkeit: 8 Monate

Variante: 10 Wacholderbeeren im Mörser zerstoßen und unter die Brombeeren mischen. In das fertige Gelee 3 Gläser (3 cl) Gin rühren. Der Wacholdergeschmack paßt besonders gut zu wilden Brombeeren.

Sauerkirschgelee

2 kg dunkle Sauerkirschen · 0,7 l Maracujasaft · Gelierzucker nach Saftgewicht · 100 g Mandelstifte · 1/10 l weißer Rum

- Zubereitungszeit: 45 Minuten (ohne Zeit zum Entsaften)

So wird's gemacht: Die Kirschen gründlich waschen, abtropfen lassen und entstielen. 200 g Kirschen beiseite stellen, die übrigen Kirschen im Dampfentsafter oder im Schnellkochtopf entsaften (siehe Seite 31). • Sind beide Geräte nicht vorhanden, die Kirschen mit 1/8 l Wasser aufkochen bis sie zu Mus zerfallen sind. In einem Mulltuch den Saft abtropfen lassen (siehe Seite 31). • Den Kirschsaft mit dem Maracujasaft mischen und abwiegen. Die gleiche Menge Gelierzucker abwiegen, hinzufügen und alles unter Rühren langsam zum Kochen bringen. • Nebenher die zurückgelegten Kirschen entsteinen. • Sobald die Geleemischung kocht, die Kirschen hinzugeben und alles unter ständigem Rühren 5 Minuten bei mittlerer Hitze kochen lassen. • Eine Gelierprobe machen. Ist das Gelee fest genug, alles noch einmal ganz kurz aufkochen lassen, dann vom Herd nehmen und rasch die Mandelstifte und den Rum einrühren. • Das Gelee in vorbereitete Gläser mit Schraubdeckel füllen, verschließen, beschriften und abkühlen lassen. Während des Abkühlens hin und wieder umdrehen, damit sich die Früchte und die Mandelstifte gut in dem Gelee verteilen.
Haltbarkeit: 6 Monate

Variante: Selbstverständlich können Sie das Gelee auch nur aus Sauerkirschsaft zubereiten. Statt des weißen Rums können Sie auch Maraschino nehmen.

Apfelgelee mit Basilikum

Natürlich schmeckt dieses Gelee mit frischem Basilikum am besten. Wenn Sie jedoch im Herbst säuerliche Äpfel z. B. Boskop-Äpfel bekommen, können Sie auch 1 Teel. getrocknetes Basilikum verwenden.

2 kg säuerliche Äpfel (z. B. Klarapfel, James Grieve) · Gelierzucker nach Saftgewicht · 50 g zarte Basilikumblätter · 2 unbehandelte Limonen (ersatzweise kleine Zitronen) · 1/8 l trockener Weißwein

- Zubereitungszeit: 1½ Stunden (ohne Zeit zum Ablaufen)

So wird's gemacht: Die Äpfel waschen, vierteln, von Blüten- und Stengelansätzen befreien und im Dampfentsafter oder im Schnellkochtopf entsaften (siehe Seite 31). • Sind beide Geräte nicht vorhanden, die Äpfel mit ¼ l Wasser kochen bis sie zu Mus zerfallen. In ein Mulltuch geben und den Saft abtropfen lassen (siehe Seite 31). Den Saft abmessen, dann die entsprechende Menge Gelierzucker im Verhältnis 1 : 1 plus 150 g abwiegen. Den Saft und den Zucker in einem großen Topf vermischen und langsam zum Kochen bringen. Dabei hin und wieder umrühren. • Nebenher die Basilikumblättchen kurz waschen und mit Haushaltspapier trockentupfen. Dann in feine Streifen schneiden. Die Limonen oder Zitronen unter fließendem heißen Wasser abbürsten, hauchdünn abschälen und die Schalen ebenfalls in feine Streifchen schneiden. Den Saft auspressen. • Sobald das Gelee zu kochen beginnt, das Basilikum, die Limonenschalen, den Saft und den Wein einrühren. Das Gelee sofort vom Herd nehmen und rasch in vorbereitete Gläser mit Schraubdeckel einfüllen. • Die Gläser verschließen und beschriften. Während des Abkühlens häufig umdrehen, damit sich die Blättchen und die Schalenstreifen gut verteilen. Das Gelee kühl und dunkel aufbewahren.
Haltbarkeit: 6 Monate

Schmeckt gut zu: Wildbraten, kurzgebratenem Wild, Tellerfleisch und kaltem Roastbeef.

Holunder-Apfel-Gelee

1,5 kg Holunderbeeren (geputzt gewogen) · ½ l Wasser · 750 g Kläräpfel · ¼ l trockener Weißwein · Gelierzucker nach Saftgewicht · 1 unbehandelte Zitrone · 4 Eßl. Gin

- Zubereitungszeit: 1¼ Stunden (ohne Zeit zum Ablaufen)

So wird's gemacht: Die Holunderdolden gründlich in kaltem Wasser waschen, dann auf einer dicken Lage Haushaltspapier abtropfen lassen. Die Beeren mit einer Gabel von den Rispen streifen, mit dem Wasser in einen Topf geben, aufkochen und zugedeckt 10 Minuten kochen lassen. •

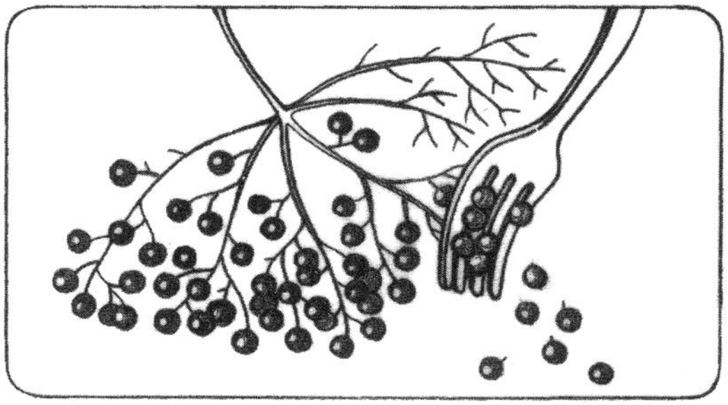

Am einfachsten lassen sich Holunderbeeren mit einer Gabel von den Rispen streifen.

Nebenher die gewaschenen Äpfel vierteln, von den Blüten- und den Stengelansätzen befreien, mit dem Wein in einem zweiten Topf zugedeckt in 15 Minuten ganz weich werden lassen. • Die Holunderbeeren und die Äpfel zusammen in einem Tuch abtropfen lassen (siehe Seite 31). Den so gewonnenen Saft abmessen, im Verhältnis 1 : 1 Gelierzucker abwiegen und mit dem Saft verrühren. Langsam zum Kochen bringen. Nebenher die Zitrone unter fließendem heißen Wasser abbürsten, die Schale abreiben, den Saft auspressen. Sobald das Gelee sprudelnd kocht, den Zitronensaft und die Schale einrühren, eine Gelierprobe machen und das Gelee in vorbereitete Gläser füllen. Entsprechend dem Glasdurchmesser Cellophanpapierstücke zuschneiden, in dem Gin tränken und auf das Gelee legen. Die Gläser verschließen, beschriften und kühl und dunkel aufbewahren.
Haltbarkeit: 4 Monate

Grapefruitgelee

Dieses Gelee stammt aus England, dort wird es traditionell aus sehr bitteren Früchten zubereitet. Wer den bitteren Geschmack nicht so gern mag, sollte Grapefruits mit rosa Fruchtfleisch nehmen, das wesentlich süßer und weniger bitter schmeckt.

4 unbehandelte Grapefruits · 1,25 kg Gelierzucker · 1/10 l Orangenlikör

- Zubereitungszeit: 1½ Stunden
- Zeit zum Durchziehen: 12 Stunden

So wird's gemacht: Die Grapefruits unter fließendem heißen Wasser sehr gründlich abbürsten, dann abtrocknen und hauchdünn abschälen. Die Schalen zuerst in 2 cm lange, dann in 3 mm dicke Streifen schneiden. • Von den Früchten die pelzige weiße Innenhaut sorgfältig abziehen. Die Früchte einzeln in kleine Mulltücher einschlagen und über einer Steingutschüssel kräftig ausdrücken. Die verbliebenen Fruchtrückstände in die Mulltücher einbinden. Den Saft mit Wasser auf 1¼ l auffüllen. Die Schalen und die Mullsäckchen hineingeben und alles zugedeckt 12 Stunden bei Zimmertemperatur stehen lassen. • Am nächsten Tag die Mischung in einen Edelstahl- oder Emailletopf geben und bei mittlerer Hitze 1 Stunde mehr ziehen als kochen lassen. • Dann erst die Mullsäckchen entfernen und den Zucker einrühren. Die Mischung unter Rühren zum Kochen bringen, 2 Minuten sprudelnd kochen lassen und eine Gelierprobe machen. Ist die Masse fest genug, noch einmal aufkochen, den Topf vom Herd nehmen und den Orangenlikör in das Gelee rühren. Rasch in vorbereitete Gläser füllen, verschließen und beschriften. Das Gelee kühl und dunkel aufbewahren.
Haltbarkeit: 6 Monate

Mein Tip Mit einigen Teelöffeln Grapefruitgelee lassen sich Sahnesaucen von kurzgebratenen, dunklen Fleischstücken, vor allem von Wild, verfeinern.

Grundrezept für Säfte

Nicht nur, um daraus Gelee zu kochen, bereitet man hausgemachte Säfte zu, sondern auch, um sie zu trinken oder als Grundlage für Süßspeisen oder Fruchtsaucen zu verwenden.

Die Herstellung ist dabei immer die gleiche (siehe Seite 31). Lediglich der Zuckergehalt ist je nach späterem Verwendungszweck unterschiedlich. Die größte Zuckerbeigabe brauchen Früchte, deren Saft später zum Beispiel als Sauce für Cremes oder Flammeris verwendet wird, oder die als Getränk mit Mineralwasser verdünnt werden sollen. Man rechnet bei süßen Früchten wie Erdbeeren, Kirschen, Heidelbeeren oder Himbeeren etwa 150 g Zucker auf 1 kg Früchte.

Bei sauren Früchten wie Pflaumen, Johannisbeeren oder Sauerkirschen muß man je kg Frucht 200 bis 250 g Zucker zufügen. Soll der Saft später »pur« getrunken werden, darf er natürlich nicht zu süß sein. Die notwendige Zuckermenge ist abhängig von der Art des Obstes, vom Reifezustand und auch vom eigenen Geschmack.

Die nachstehende Tabelle zeigt die für Trinksäfte gebräuchlichsten Obstsorten und die durchschnittlichen Zuckermengen pro Kilo Frucht.

Reife Äpfel	20 g Zucker
unreife Äpfel	50 g Zucker

saftige Birnen	30 g Zucker
Erdbeeren	50 g Zucker
Holunderbeeren	80 g Zucker
rote Johnnisbeeren	100 g Zucker
schwarze Johannisbeeren	150 g Zucker
Sauerkirschen	100 g Zucker
blaue Pflaumen (späte Sorten)	100 g Zucker
unreife Stachelbeeren	125 g Zucker
Zwetschgen (späte Sorten)	80 g Zucker

(Werte zum Teil entnommen dem Weck-Einkochbuch, 1983)

Natürlich können Sie auch aus anderen Obst- und vor allem aus Beerenfrüchten Trinksäfte zubereiten. Dabei sollte man dann jedoch die Kosten berücksichtigen. Denn Himbeeren, Brombeeren, Heidelbeeren oder Preiselbeeren sind – selbst wenn im eigenen Garten gezogen – für Trinksäfte eigentlich zu schade. Besser sollte man sie entweder als Sirup zum Verdünnen (Zuckermenge siehe oben) einkochen oder mit ganz geringer Zuckermenge entsaften und den Saft dann einfrieren. Tiefgefroren »schlummert« er dann bis zur Verwendung ohne Qualitätsverlust. Will man ihn dann wirklich als Trinksaft benutzen, kann man ihn mit etwas Läuterzucker – oder ganz kalorienbewußt – mit flüssigem Süßmittel abschmecken. Vor dem Entsaften jedoch müssen die Früchte entsprechend vorbereitet werden:

Beerenobst wird nach dem Waschen nur entkelcht.
Steinobst wird nach dem Waschen entstielt und nach Belieben entsteint.
Kernobst wird gewaschen, grob zerteilt und von den Blütenansätzen befreit. Die Früchte brauchen nicht geschält und nicht entkernt zu werden.
Rhabarber wird ebenfalls nur gewaschen, nicht geschält.
Im Prinzip halten eingemachte Säfte, wenn sie unmittelbar nach dem Entsaften im Dampfentsafter oder im Dampfdrucktopf bei etwa 75° direkt in heiß ausgespülte, saubere Flaschen gefüllt und mit Gummikappen verschlossen werden, etwa 3 bis 4 Monate.

Werden die Säfte aber durch ein Mulltuch abgeseiht, sollte man sie in Flaschen mit Schraub- oder Kippverschluß füllen und bei 75° im Einkochtopf 25 Minuten sterilisieren. So können auch roh gepreßte Säfte (in der Saftpresse) für mehrere Monate konserviert werden.

Trinksäfte schmecken übrigens besonders gut, wenn sie aus verschiedenen Früchten gemischt werden. Sehr feine Mischungen sind:

- Himbeeren und rote Johannisbeeren
- Rhabarber und Erdbeeren
- Holunderbeeren und Birnen
- Holunderbeeren und Äpfel
- Schwarze und rote Johannisbeeren

Früchte in Alkohol sind auch dann nicht gerade preiswert, wenn man sie selber einmacht. Aber der kulinarische Zweck heiligt in diesem Fall auch die etwas überhöhten Mittel, sprich den tiefen Griff ins Portemonnaie. Denn es gibt kaum etwas Köstlicheres als die süßen, beschwipsten Früchtchen zu einem warmen Pudding, zu schlichtem Vanilleeis oder einfach nur »so« nach einem reichlichen Essen. Auch als Fruchteinlage in einem Glas Sekt schmecken sie köstlich oder als Beilage zu Wild und Geflügel.

Früchte in Alkohol sind nicht ganz so lange haltbar wie ein Rumtopf. Das liegt daran, daß Kirschwasser, Aprikosengeist oder Cognac nicht so hochprozentig sind, wie der Rumtopf-Rum mit immerhin 54% Vol. In gut schließenden Gläsern halten sie jedoch rund 3 Monate, falls sie nicht schon vorher gegessen worden sind.

Zwetschgen mit Geist

Für dieses Rezept sollten Sie auf jeden Fall späte Zwetschgen nehmen. Sie bleiben süßer und aromatischer als frühe Sorten.

2,2 kg vollreife Spätzwetschgen · ½ l Rotwein · ½ l Wasser · 250 g brauner Kandiszucker · 6 Stücke Sternanis · ½ Stange Zimt · 9 cl Slibowitz oder anderer Zwetschgenschnaps

- Zubereitungszeit: 1¼ Stunden
- Ergibt 3 Gläser (je ¾ l Inhalt)

So wird's gemacht: Die Zwetschgen gründlich waschen, abtropfen lassen, dann an der »Nahtstelle« aufschneiden und entsteinen. • Den Rotwein und das Wasser in einem Topf mischen, den Kandiszucker hinzufügen und alles solange erwärmen, bis sich der Zucker ganz aufgelöst hat. • Die Früchte in die Gläser schichten, in jedes Glas 2 Stücke Sternanis und ein kleines Stück Zimt geben. • Den heißen Sud über die Früchte gießen und den Slibowitz zu gleichen Teilen darüber verteilen. • Die Gläser mit Gummiringen versehen und mit Klammern verschließen. Die Zwetschgen vorschriftsmäßig bei 75° 30 Minuten sterilisieren. Nach dem Abkühlen die Klammern entfernen und die Gläser kühl und dunkel aufbewahren.
Haltbarkeit: 1 Jahr

Schmeckt gut zu: kurzgebratenem oder gegrilltem dunklen Fleisch, Wild, gekochtem Rindfleisch oder Vanilleeis.

Cognac-Weintrauben

Bild nebenstehend

Für dieses Rezept sollten Sie die großbeerigen, grünen Weintrauben verwenden, die ab September bei uns auf den Markt kommen. Sehr delikat und besonders aromatisch sind Datteltrauben und Muskattrauben.

1,5 kg Weintrauben · ¼ l Rotwein · 1 Stange Zimt · 2 Gewürznelken · ½ unbehandelte Zitrone · 250 g Zucker · etwa ½ l Cognac oder Weinbrand

- Zubereitungszeit: 55 Minuten

Früchte in Alkohol passen gut zu einem Pudding, zu Vanilleeis, als Fruchteinlage in ein Glas Sekt oder als Beilage zu Wild und Geflügel. Cognac-Weintrauben sind auch ein willkommenes Geschenk. Rezept auf dieser Seite. ▷

So wird's gemacht: Die Weintrauben gründlich waschen, abtropfen lassen, auf ein sauberes Küchentuch legen und vorsichtig trockentupfen. Die Beeren dann von den Stielen zupfen. Den Rotwein in einen Topf geben. • Die Zitrone unter fließendem heißem Wasser abbürsten, hauchdünn abschälen und die Schale in Stücke schneiden. Die zweimal durchgebrochene Stange Zimt, die Gewürznelken und die Schalenstücke zum Rotwein geben. Den Zucker hinzufügen und die Mischung unter Rühren langsam zum Kochen bringen. 5 Minuten sprudelnd kochen lassen. • Den Sud durch ein Haarsieb gießen, ohne die Gewürze wieder aufkochen, die Weinbeeren hineingeben und 5 Minuten ziehen lassen. Dann in vorbereitete Gläser oder Steingutgefäße schichten, mit dem Sud aufgießen und soviel Cognac oder Weinbrand zufügen, daß die Früchte gut bedeckt sind. Die Gläser rasch verschließen, beschriften, die Weintrauben kühl und dunkel aufbewahren.
Haltbarkeit: 3 Monate

Schmeckt gut zu: frischem Obst, kurzgebratenem Fleisch und als Fruchtsalat zubereitet

◁ Ein Muß für jeden Einmachfan ist der Rumtopf aus Sommerfrüchten, auch wenn für die Zubereitung Geduld erforderlich ist. Bis man davon kosten kann, vergehen immerhin mindestens 6 Monate. Rezept auf dieser Seite.

Rumtopf aus Sommerfrüchten

Bild nebenstehend

Wer Früchte in Alkohol einlegt, wird den Rumtopf als absoluten Höhepunkt betrachten. Schließlich dauert die »Zubereitung« sozusagen von Juni bis November.

500 g Erdbeeren · 500 g feinster Kristallzucker · 0,7 l Rum (54% Vol.) · für jede weitere 500 g Obstsorte 250 g feinster Kristallzucker · Rum (54% Vol.)

So wird's gemacht: Die Erdbeeren waschen, abtropfen lassen, die Blüten- und Stengelansätze entfernen und mit Haushaltspapier trockentupfen. Mit dem Zucker schichtweise in eine Schüssel geben und zugedeckt einige Stunden ziehen lassen, damit der Zucker sich ein wenig auflösen kann. Dann in einen vorbereiteten Steinguttopf hineingeben und mit dem Rum übergießen. Den Topf vorschriftsmäßig verschließen. • Alle weiteren Früchte gründlich waschen und mit Haushaltspapier trocken tupfen. Die Süßkirschen entstielen, die Sauerkirschen entstielen und entsteinen. Die Stachelbeeren mit der Küchenschere von Blüten- und Stengelansätzen befreien. Die Johannisbeeren mit einer Gabel von den Rispen ziehen. Die Aprikosen ungeschält halbieren und entsteinen. Die Pfirsiche mit kochendem Wasser überbrühen und enthäuten. Dann halbieren und entsteinen. Die Reineclauden und die Mirabellen nicht entsteinen, dafür die Früchte einige Male mit einem Holzstäbchen einstechen. Die Zwetschgen halbieren und entsteinen. Die Birnen schälen, das Kerngehäuse entfernen und in Sechstel schneiden. Die Melonen schälen, die Kerne mit einem Löffel herausschaben und das Fruchtfleisch würfeln oder zu Kugeln ausstechen. Die Ananas schälen, die »Schalenaugen«

mit einem spitzen Messer herausschneiden, in Achtel teilen und den harten Innenkern entfernen. Dann in Würfel schneiden. • Die Früchte mit der entsprechenden Zuckermenge vermischen und einige Stunden ziehen lassen. Dann in den Rumtopf hineingeben und so viel Rum nachgießen, daß die Früchte gut bedeckt sind. Den Topf wieder verschließen und kühl und dunkel aufbewahren. In den ersten acht Tagen nach Einlegen der Früchte, täglich einmal mit einem sauberen Holzlöffel umrühren. Den Topf stets kühl und dunkel aufbewahren.
Haltbarkeit: 6 Monate

Mein Tip Wenn die Früchte Ihres Sommerrumtopfes so um die Weihnachtszeit zu Ende gegangen sind, können Sie die Flüssigkeit für Exoten verwenden (Ananas, Kumquats, Grapefruits, Litschies und/oder Limetten). Dann aber nur frische Früchte hineingeben und keine Kiwis verwenden. Zucker ist übrigens nicht notwendig. Sind die Früchte nicht ganz mit Flüssigkeit bedeckt, gießen Sie 54%igen braunen Rum nach. Zur Sicherheit kann man noch 4 bis 5 Eßl. reinen Alkohol (aus der Apotheke) über den Rumtopf träufeln.

Gemischte Arrakfrüchte

500 g Aprikosen · 500 g kleine, weißfleischige Pfirsiche · 500 g blaue Pflaumen · 600 g Zucker · 1 Vanilleschote · ⅛ l Wasser · 1 unbehandelte Zitrone · etwa ½ l Arrak

- Zubereitungszeit: 1¼ Stunden

So wird's gemacht: Die Aprikosen und die Pfirsiche mit kochendem Wasser übergießen, gut 1 Minute darin liegen lassen. Dann rasch die Haut abziehen. Die Pflaumen waschen und mit einem sauberen Küchentuch abtrocknen. • Den Zucker in einen großen Topf geben. Die Vanilleschote mit einem spitzen Messer aufschneiden, das Mark herausschaben und zu dem Zucker geben. Die Schote ebenfalls in den Topf legen. Alles mit dem Wasser vermischen und langsam zum Kochen bringen. • Die Zitrone unter fließendem heißen Wasser abbürsten, abtrocknen und die Schale hauchdünn abschälen. Die Zitrone auspressen, die Schale in Stücke schneiden. • Den Zitronensaft zum Zuckersirup geben. Die Früchte hineinlegen und etwa 10 Minuten sanft köcheln lassen, bis sie glasig werden. Nun die Vanilleschote herausnehmen. • Die Früchte mit der Zuckerlösung in vorbereitete Gläser schichten, dabei auch die Zitronenschale hineingeben. Alles mit dem Arrak übergießen. Die Früchte müssen gut bedeckt sein. Die Gläser verschließen, beschriften und kühl und dunkel aufbewahren. Die Früchte vor dem ersten Genuß mindestens 14 Tage durchziehen lassen.
Haltbarkeit: 2 Monate

Schmeckt gut zu: Vanilleeiscreme, Obstsalat aus frischen Früchten und mit halbsteif geschlagener Sahne.

Gefüllte Williamsbirnen

Die mit Preiselbeeren gefüllen Williams-Christ-Birnen werden in Williamsbirnengeist eingelegt. Dieser Edelbrand hat seine Heimat im Schweizer Rhonetal, wo ganz besonders aromatische Williams-Christ-Birnen wachsen. Nur wenige Produkte deutscher Brenner erreichen die Qualitäten, wie sie die Schweizer liefern.

1,5 kg kleine, vollreife Williams-Christ-Birnen · Saft von 2 Zitronen · 600 g Kristallzucker extra fein · 500 g Preiselbeeren · 6 Stücke Sternanis · etwa ¾ l Williamsbirnengeist

- Zubereitungszeit: 1 Stunde
- Zeit zum Durchziehen: 2 Stunden

So wird's gemacht: Die Birnen waschen, halbieren, schälen, von den Blüten- und den Stengelansätzen befreien. Die Kerngehäuse herausschneiden und jede Birnenhälfte sofort mit etwas Zitronensaft beträufeln, damit sie weiß bleibt. Dabei 3 Eßl. Zitronensaft zurückbehalten. Die Birnen lagenweise in eine Schüssel schichten und dabei mit der Hälfte des Zuckers bestreuen. Zugedeckt 2 Stunden ziehen lassen, bis sich der Zucker aufgelöst hat. • Die Preiselbeeren gründlich waschen, dabei kleine Blättchen und Stengelchen entfernen. Die Preiselbeeren in einem Sieb abtropfen lassen, dann auf eine dicke Lage Haushaltspapier oder ein sauberes Küchentuch legen und mit Haushaltspapier trockentupfen. • Den Saft von den Birnen abgießen, in einem Topf mit 3 Eßl. Zitronensaft und dem restlichen Zucker vermischen und langsam erwärmen. Dabei ständig rühren, bis sich der Zucker ganz gelöst hat. • Die Birnen nun in vorbereitete Gläser füllen. Dazu immer eine Lage Birnenhälften mit der Aushöhlung nach oben einschichten. In die Höhlung Preiselbeeren füllen. Darüber dann die nächste Lage und so fort. Den Sternanis in die Gläser geben. Die Früchte mit der warmen Zuckerlösung begießen. Soviel Williamsbirnengeist zufügen, daß die Früchte gut bedeckt sind. Die Gläser verschließen, beschriften und kühl und dunkel aufbewahren.
Haltbarkeit: 4 Monate

Schmeckt gut zu: Kalbs- oder Putensteak in Currysaucen, Wildbraten oder zu Vanilleeiscreme überzogen mit geschmolzener Zartbitterschokolade und garniert mit geschlagener Sahne.

Pflaumen in Armagnac

Fälschlich wird Armagnac oft als eine Art Cognac der II. Wahl betrachtet. Tatsächlich ist er von ebensolcher Güte und wird mit der gleichen Sorgfalt und nach den gleichen strengen Gesetzen wie Cognac hergestellt. Auch seine stets aus hellen Trauben gekelterten Grundweine dürfen nur aus einem bestimmten Anbaugebiet stammen, und zur Reife kommt er ebenfalls in Fässern aus Limousin-Eiche.

1,5 kg blaue Pflaumen oder Zwetschgen · 750 g brauner Kandiszucker · 1 unbehandelte Zitrone · 2 Stangen Zimt · 8 Gewürznelken · etwa 1 l Armagnac

- Zubereitungszeit: 1 Stunde
- Zeit zum Durchziehen: über Nacht

So wird's gemacht: Die Pflaumen gründlich waschen, abtropfen lassen und mit einem Küchentuch abtrocknen. Dann mit einem Holzstäbchen jede Frucht mehrfach einstechen. • Den Kandiszucker zwischen zwei Blätter Pergamentpapier legen und mit einem Hammer oder einem Nudelholz zerdrücken. • Die Pflaumen mit dem Zucker vermischen und über Nacht stehen lassen, damit sich der Zucker auflösen kann. • Am nächsten Tag die Zitrone unter fließendem heißen Wasser abbürsten, abtrocknen und hauchdünn abschälen. Die Schale in etwa 6 Teile schneiden. Die Zitrone anderweitig verwenden. • Die Stangen Zimt jeweils zweimal durchbrechen. Die Pflaumen sehr eng in vorbereitete Gläser schichten. Die Gewürze gleichmäßig darauf verteilen. Den gezogenen Saft über die Früchte verteilen und soviel Armagnac dazugießen, daß sie gut bedeckt sind. Die Gläser verschließen, beschriften und dunkel und kühl aufbewahren. Mindestens 4 Wochen durchziehen lassen.
Haltbarkeit: 6 Monate

Rumkirschen

Für dieses Rezept sollten Sie nur große, festfleischige Früchte wählen.

2 kg dunkle Süßkirschen · 1 kg Zucker · ⅛ l Wasser · 1 unbehandelte Zitrone · 1 Stange Zimt · 4 Stücke Sternanis · ¾ l dunkler Rum (54% Vol)

- Zubereitung: 1¼ Stunden

So wird's gemacht: Die Kirschen waschen, gründlich abtropfen lassen, entstielen und über einer Schüssel entsteinen. Den Zucker in einem Topf mit dem Wasser mischen, langsam aufkochen lassen, dabei immer wieder rühren. Dann 5 Minuten sprudelnd einkochen lassen. • Nebenher die Zitrone unter fließendem heißen Wasser kräftig abbürsten, abtrocknen und die Schale hauchdünn abschälen. Die Schale in mindestens vier Teile zerschneiden, die Zitrone auspressen. • Den Saft in die Zuckerlösung rühren. Die Kirschen mit den Schalenstücken, der zweimal durchgebrochenen Stange Zimt und den Sternanisstücken in ein großes Glas mit Klammerverschluß schichten. Die Hälfte des Rums darüber gießen, dann die Zuckerlösung. Zum Schluß den restlichen Rum in das Glas geben. Das Glas verschließen, beschriften und an einen kühlen, dunklen Ort stellen. • Die Kirschen in den ersten acht Tagen hin und wieder rütteln oder umdrehen, damit sich die Früchte gut in der Flüssigkeit verteilen. Die Kirschen sollten mindestens 4 Wochen durchziehen, ehe sie das erstemal genossen werden.
Haltbarkeit: 6 Monate

Schmeckt gut zu: schwarzem Tee, Vanille-, Walnuß- oder Nußeis und Puddings.

Mein Tip Meist ist es so, daß die Kirschen verbraucht sind, aber noch reichlich Flüssigkeit vorhanden ist. Entweder geben Sie den »Saft« in eine Likörkaraffe und genießen ihn als solchen (oder verschenken ihn als Kirschlikör), oder Sie legen neue Früchte ein, zum Beispiel unbehandelte Blutorangen, die in dünne Scheiben geschnitten und entkernt werden, frische Kumquats (Zwergorangen) oder in Würfel geschnittene Ananas.

Amaretto-Kirschen

Der italienische Mandellikör Amaretto gehört zu den berühmtesten Likören Europas. Um seine Entstehung rankt sich die romantische Liebesgeschichte von einem Maler und seinem Modell. Und so bittersüß, wie diese Geschichte endete, ist auch das Aroma des Getränks.

1,5 kg dunkle Sauerkirschen · 1 unbehandelte Zitrone · 500 g dunkler Kandiszucker · 1 Vanilleschote · ¼ l Amaretto (italienischer Mandellikör) · ¼ l Rum (54% Vol.)

- Zubereitungszeit: 1 Stunde
- Zeit zum Durchziehen: über Nacht

So wird's gemacht: Die Kirschen gründlich waschen und abtropfen lassen. Dann entstielen und über einer Schüssel entsteinen. Die Kirschsteine mit dem Saft in ein Sieb geben und über den Kirschen ablaufen lassen. • Die Zitrone unter fließendem heißen Wasser gründlich abbürsten, abtrocknen und die Schale hauchdünn abschälen. Die Schale dann in ganz feine Streifchen schneiden. Den Saft auspressen. Den Kandiszucker zwischen zwei Blättern Pergamentpapier mit ei-

nem Fleischklopfer oder einem Hammer nicht zu fein zertrümmern. • Die Kirschen, den Zitronensaft, die Zitronenschale und den Zucker in einer Steingutschüssel vermischen. Die Kirschen zugedeckt über Nacht an einen kühlen Ort, jedoch nicht in den Kühlschrank, stellen. Am nächsten Tag sollte der Kandiszucker ganz aufgelöst sein. • Am nächsten Tag die Vanilleschote mit einem scharfen, spitzen Messer längs halbieren, dann quer dreimal durchschneiden. In 4 Gläser je 2 Stücke geben. Die Kirschen hineinschichten, den Saft gleichmäßig darüber verteilen. Den Amaretto und den Rum mischen und über die Kirschen gießen. Die Gläser verschließen, beschriften und kühl und dunkel aufbewahren. Die Kirschen müssen mindestens 3 Wochen vor dem ersten Verzehr durchziehen.
Haltbarkeit: 6 Monate

Schmeckt gut zu: Vanilleeiscreme oder Vanillecremespeisen und zum Tee.

Beschwipste Minzmirabellen

1,5 kg vollreife Mirabellen · ⅛ l Wasser · 300 g Zucker · 1 Vanilleschote · 2 unbehandelte Zitronen · 3 Pfefferminzzweige · ¾ l Mirabellengeist

● Zubereitungszeit: 45 Minuten

So wird's gemacht: Die Mirabellen gründlich in kaltem Wasser waschen, abtropfen lassen, in einem sauberen Küchentuch abtrocknen, dann mit einem Pflaumenentsteiner die Steine herauslösen. Die Mirabellen in beliebig große Gläser mit Klammerverschluß geben. • Das Wasser in einem Stieltopf mit dem Zucker vermischen. Die Vanilleschote mit einem spitzen Messer längs halbieren, das Mark herausschaben und in den Topf geben. Die Mischung unter Rühren langsam zum Kochen bringen, dabei muß der Zucker ganz schmelzen. • Nebenher die Zitronen unter fließendem heißen Wasser gründlich abbürsten, die Schalen hauchdünn abschälen und den Saft auspressen. • Die Zuckerlösung unter ständigem Rühren 2 Minuten sanft köcheln lassen, dann mit dem Zitronensaft vermischen und etwas abkühlen lassen. • Die Zitronenschalen in etwa 5 cm lange Stücke schneiden, die ausgeschabten Vanilleschotenhälften noch einmal quer halbieren. • Die Pfefferminze kurz unter fließendem Wasser abspülen, dann auf Haushaltspapier legen und trockentupfen. Die einzelnen Blättchen abzupfen, zusammen mit der Zitronenschale und der Vanilleschote zu den Mirabellen geben. • Den Zuckersirup mit dem Mirabellengeist vermischen und über die Früchte gießen. Die Gläser gut verschließen und beschriften. Die Mirabellen an einem kühlen und dunklen Ort aufbewahren. Vor der ersten Kostprobe mindestens 4 Wochen durchziehen lassen.
Haltbarkeit: 6 Monate

Schmeckt gut zu: Vanilleeis, Hefepudding oder ohne Flüssigkeit zu kurzgebratenen Wildstücken.

Chutneys, diese pikant würzigen Saucen, die eigentlich mehr Kompotte sind, verdanken wir den Engländern. Sie brachten sie unter Verballhornung des hindustanischen Namens »chatni« aus der indischen Kolonie mit in ihre Heimat, wo Köchinnen und Hausfrauen in Ermangelung guter Fleischqualitäten wahre Würzorgien feierten und Chutneys und Relishes mit Begeisterung in ihren zum Teil tristen Speiseplan integrierten. Relishes sind übrigens eher eine amerikanische Erfindung – wobei die Grundidee die gleiche war: Fade Speisen geschmacklich aufzubessern. »To relish something« heißt nichts anderes, als etwas zu genießen. Und das sollte auch bei uns im Vordergrund stehen. Denn wir haben es ja zum Glück nicht mehr nötig, Würzsaucen servieren zu müssen, um mangelnde Qualität der Grundzubereitungen zu überdecken. Für uns sind diese Würzsaucen Ergänzung oder das I-Tüpfelchen in einem Menü.

Rosinenchutney

Rosinen auf pikante Weise zubereitet oder mit kräftigen Gewürzen kombiniert, spielen vor allem in der persischen Küche eine Rolle.

500 g helle kernlose Rosinen · 250 g ungeschwefelte getrocknete Aprikosen · ¼ l trockener Weißwein · 50 g frische Ingwerwurzel · 200 g Schalotten · 1 großes Bund glatte Petersilie · 1 Eßl. Korianderkörner · ⅛ l Weinessig · ¼ Teel. gemahlene Nelken · Salz · Cayennepfeffer

- Zubereitung: 55 Minuten
- Zeit zum Durchziehen: Über Nacht

So wird's gemacht: Die Rosinen in ein Sieb geben und unter fließendem heißen Wasser abspülen, gut abtropfen lassen und in eine Schüssel geben. Die Aprikosen fein hacken und hinzugeben. Alles mit dem Weißwein begießen und zugedeckt über Nacht durchziehen lassen. • Am nächsten Tag die Ingwerwurzel schälen und grob reiben oder in dünne Scheibchen schneiden. Die

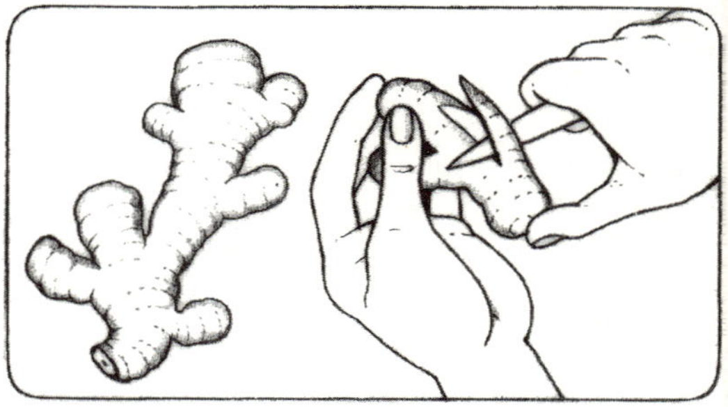

Die frische Ingwerwurzel wird geschält und dann gerieben oder in dünne Scheibchen geschnitten.

Schalotten schälen und hacken. Die Petersilie abspülen, trockenschwenken und mit Haushaltspapier trockentupfen. Dann ebenfalls hacken. Die Korianderkörner in einem Mörser fein zerstoßen. • Alles mit dem Essig und dem Nelkenpulver in einem Topf mischen, langsam zum Kochen bringen, dann nach Belieben salzen und im offenen Topf bei mittlerer Hitze etwa 30 Minuten dicklich einkochen lassen. Dabei immer wieder umrühren, damit das Chutney nicht anbrennt. Das Chutney mit Cayennepfeffer abschmecken, rasch in vorbereitete Gläser füllen und diese verschließen. Das Chutney kann bei Zimmertemperatur aufbewahrt werden.
Haltbarkeit: 4 Monate

Schmeckt gut zu: pochierten Seefischen, gegrilltem Fleisch und Wildbraten. Mit Rosinen-Chutney lassen sich alle dunklen Bratensaucen verfeinern.

Apfel-Meerrettich-Chutney

Für dieses Chutney kann man wunderbar Fallobst verwenden. Und wer keinen eigenen Apfelbaum hat, kann einfache und damit preiswerte Kochäpfel auf dem Wochenmarkt erstehen. Das Ergebnis jedenfalls ist köstlich. Das Rezept soll übrigens aus England stammen.

1,5 kg säuerliche Äpfel · 1 10 cm langes Stück Meerrettich · 500 g Zwiebeln · 500 g helle Rosinen · 1 Eßl. gelbe Senfkörner · 1 Teel. Pimentkörner · 400 g Farinzucker · ⅜ l Apfelessig · 1 Eßl. Salz

- Zubereitungszeit: 3 Stunden

So wird's gemacht: Die Äpfel waschen, abtropfen lassen, vierteln, schälen, entkernen und von Stengel- und Blütenansätzen befreien. Dann grob würfeln. • Den Meerrettich schälen und mittelfein reiben. Die Zwiebeln schälen und feinhacken. • Die Rosinen in ein Sieb geben, unter fließendem heißem Wasser abspülen und abtropfen lassen. • Die Senf- und die Pimentkörner in einem Mörser so fein wie möglich zerstoßen. • Alle Zutaten mit dem Zucker, dem Apfelessig und Salz in einem großen Topf aus Emaille oder Edelstahl vermischen und unter ständigem Rühren einmal kräftig aufkochen lassen. Die Hitze dann reduzieren und das Chutney im offenen Topf 2 Stunden köcheln lassen, bis es dickflüssig vom Löffel fließt. In der letzten halben Stunde muß häufig umgerührt werden, damit das Chutney nicht anbrennt. • Das fertige Chutney in vorbereitete hohe, enge Gläser oder in Flaschen mit breitem Hals füllen. Gut verschließen und kühl und dunkel aufbewahren. Das Chutney ist nach einer Woche gebrauchsfertig.
Haltbarkeit: 4 Monate

Apfelchutney

200 g Kurpflaumen ohne Steine · 200 g ungeschwefelte getrocknete Aprikosen · 200 g kernlose dunkle Rosinen · 1 unbehandelte Zitrone · ⅛ l trockener Weißwein · 1,5 kg säuerliche Äpfel · 250 g Farinzucker · 1 Teel. gemahlener Zimt · 1 Teel. gemahlener Koriander · 1 Teel. gemahlener Piment · ½ Teel. Ingwerpulver · ⅛ l Weinessig

- Zubereitungszeit: 1 Stunde
- Zeit zum Durchziehen: über Nacht

So wird's gemacht: Die Kurpflaumen und die Aprikosen fein hacken. Die Rosinen in ein Sieb geben, kurz unter heißem Wasser abspülen, gut abtropfen lassen und in einem Küchentuch abtrocknen. Die Zitrone ebenfalls unter heißem Wasser abbürsten, dann längs achteln und mit einem scharfen Messer die Kerne herausheben. Die Achtel in hauchdünne Scheiben schneiden. Alles mit dem Weißwein in einer Schüssel mischen und zugedeckt über Nacht ziehen lassen. • Am nächsten Tag die Äpfel waschen, vierteln, schälen, entkernen und von Blüten- und Stengelansätzen befreien. Die Apfelviertel dann in etwa 3 mm dicke Scheiben schneiden. Mit dem Farinzucker, den Gewürzen, dem Weinessig und den eingeweichten Früchten samt der Einweichflüs-

Mein Tip Wenn Sie einen eigenen Apfelbaum besitzen, der Ihnen im Frühherbst eine Unmenge Fallobst beschert, kochen Sie die wie oben vorbereiteten Apfelstücke mit ganz wenig Zucker im eigenen Saft bis sie zerfallen und frieren sie dann ein. Im Winter, wenn Sie mehr Zeit haben, können Sie dann daraus dieses leckere Chutney bereiten.

sigkeit in einem großen Emaille- oder Edelstahltopf mischen und unter ständigem Rühren langsam aufkochen. • Dann bei milder Hitze 15 Minuten sanft köcheln lassen. Dabei häufig umrühren, damit das Chutney nicht anbrennt. Rasch in vorbereitete Gläser füllen und diese verschließen. Kühl und dunkel (am besten im Kühlschrank) aufbewahren. Das Chutney ist sofort gebrauchsfertig.
Haltbarkeit: 3 Monate

Schmeckt gut zu: Currygerichten von Geflügel, Lamm, Fleischfondue oder geeignet zum Verfeinern der Saucen von Schmorbraten.

Echtes Tomatenchutney

Bild nebenstehend

Chutneys stammen aus Indien, werden dort aber selten auf Vorrat eingekocht, sondern meist ebenso wie die Currymischungen täglich neu zubereitet. Dieses Tomaten-Chutney bildet eine Ausnahme, dennoch ist auch seine Haltbarkeit auf wenige Wochen beschränkt.

1 kg reife, aber feste Tomaten (am besten Eiertomaten, ersatzweise Kugeltomaten) · 400 g Zwiebeln · 2–3 Knoblauchzehen · 2 rote oder grüne Chilischoten (Peperoni) · 1 großes Bund glatte Petersilie · 50 g frische Ingwerwurzel · 500 g Farinzucker · 10 Gewürznelken · ½ Stange Zimt · 1 Eßl. Salz · ⅜ l Malzessig (ersatzweise Rotweinessig) · 6 Eßl. Pflanzenöl · 3 Eßl. schwarze Senfkörner (ersatzweise gelbe Senfkörner)

• Zubereitungszeit: 1¼ Stunden

So wird's gemacht: Die Tomaten auf der Oberseite kreuzweise einritzen, mit kochendem Wasser etwa 3 Minuten überbrühen und enthäuten. Dann vierteln, entkernen und von den grünen Stengelansätzen befreien. Das Fruchtfleisch grob hacken. • Die geschälten Zwiebeln und die geschälten Knoblauchzehen fein hacken. Die Chilischoten waschen, abtrocknen, halbieren, von den Samen, den Samensträngen und den Stengelansätzen befreien. Dann ebenfalls fein hakken. Die Petersilie abspülen, mit Haushaltspapier trockentupfen. Die Blätter von den Stielen zupfen. Die Stiele wegwerfen. • Die Ingwerwurzel schälen und fein reiben oder hacken. Die Stange Zimt zerbröseln. • Alles mit dem Farinzucker, den Gewürznelken, dem Salz und dem Essig in einem Emaille- oder Edelstahltopf vermischen und unter Rühren zum Kochen bringen. Dann bei mittlerer Hitze 20 Minuten köcheln lassen. Dabei immer wieder umrühren. • Das Öl in einer Pfanne rauchheiß werden lassen, die Senfkörner hineinschütten und unter Rühren rösten, dann rasch in die Tomatenmischung geben. Diese nun noch 5 Minuten sprudelnd kochen lassen. Dabei ständig rühren. Das Chutney in vorbereitete Gläser füllen, abkühlen lassen und die Gläser verschließen. Das Chutney am besten im Kühlschrank oder in einem kühlen Keller aufbewahren.
Haltbarkeit: 4 Wochen

Schmeckt gut zu: allen Fisch- oder Fleischsorten, die auf dem Holzkohlengrill zubereitet wurden, allen Lamm- oder Hammelgerichten, gebratenem oder geschmortem Geflügel und gekochtem Rindfleisch.

Engländer brachten die indischen Würzsaucen mit in ihre Heimat. Echtes Tomatenchutney schmeckt gut zu gegrilltem Fleisch und geschmortem Geflügel. Rezept auf dieser Seite. ▷

Relish von grünen Tomaten

Dieses Relish ist ideal für alle, denen es wie uns Gartenneulingen ging: Stets im Wettlauf mit den Schnecken um die Tomatenernte. Damit die Schnecken nicht immer als Sieger hervorgingen, haben wir so manches Kilo Tomaten grün ernten müssen, das dann für ein pikantes Relish in den Kochtopf wanderte.

1,5 kg grüne Tomaten · 500 g Zwiebeln · 6 große Knoblauchzehen · ⅛ l kaltgepreßtes Olivenöl (extra vergine) oder Distelöl · 2 grüne oder rote Chilischoten (Peperoni) · 2 Stengel Sellerieblätter · 1 Bund glatte Petersilie · 8 Stengel Basilikum · 10 Stengel frischer Thymian · 4 große Borretschblätter · 3 Lorbeerblätter · 12 Pimentkörner · ½ l Estragonessig · 150 g Farinzucker · 1 Eßl. Salz

● Zubereitungszeit: 1¼ Stunden

So wird's gemacht: Die Tomaten gründlich waschen, abtrocknen, vierteln und von den grünen Stengelansätzen befreien. Die Tomaten grob hacken. • Die Zwiebeln und den Knoblauch schälen und sehr fein hacken. Das Öl in einem großen, weiten Topf erhitzen, die Zwiebeln und den Knoblauch hineingeben und bei mittlerer Hitze langsam glasig werden lassen. • In der Zwischenzeit die Chilischoten waschen, abtrocknen, halbieren, von Samen, Samensträngen und Stengelansätzen befreien und in feine Streifen schneiden. Zusammen mit den Tomaten in den Topf hineingeben und unter gelegentlichem Rühren etwa 10 Minuten dünsten. • Die Sellerieblätter, die Petersilie, das Basilikum, den Thymian und den Borretsch gründlich abspülen, trokkenschwenken und fein hacken, bzw. in Streifen schneiden. Die Lorbeerblätter zerbröseln. • Alles zusammen mit den Pimentkörnern, dem Essig, dem Zucker und dem Salz unter die Tomaten rühren und das Relish bei milder Hitze noch 25 Minuten köcheln lassen, bis die Tomaten ganz musig sind. Dann rasch in vorbereitete Gläser füllen, kühl und dunkel aufbewahren.
Haltbarkeit: 4 Monate

Schmeckt gut zu: Raclette und deftigen Fleischsorten vom Holzkohlengrill.

◁ Hausgemachtes eingelegtes Gemüse ist geschmacklich von den industriell angebotenen Produkten nicht zu überbieten. Deshalb lohnt es sich immer, Mixed pickles selbst einzulegen. Rezept Seite 52.

Preiselbeersauce

500 g Preiselbeeren · 200 g Kristallzucker extra fein · 1 unbehandelte Orange · 4 Ingwerpflaumen aus dem Glas · 1 Eßl. gelbes Senfpulver · 1 kräftige Prise Cayennepfeffer · Salz · 2 cl Cognac oder Weinbrand

● Zubereitungszeit: 1¼ Stunden

So wird's gemacht: Die Preiselbeeren waschen, dabei verlesen, dann gut abtropfen lassen. Mit dem Zucker in einem Emaille- oder Edelstahltopf mischen, etwas zerstampfen, dann bei mittlerer Hitze langsam zum Kochen bringen und 20 Minuten schwach köcheln lassen. • Die Orange unter fließendem heißen Wasser gründlich abbürsten, hauchdünn abschälen und die Schale in 2 mm dicke Streifchen schneiden. Die Frucht dann auspressen. • Die Ingwerpflaumen abtropfen lassen und fein hacken. Zusammen mit den Orangenschalen und dem Saft unter die Preiselbeeren mischen. • Nach 10 Minuten das Senfpulver einrühren und noch 15 Minuten köcheln lassen. • Die fertige Sauce mit dem Cayennepfeffer, dem Salz und dem Cognac oder dem Weinbrand abschmecken und rasch in vorbereitete Gläser füllen. Die Gläser verschließen und nach dem Abkühlen in den Kühlschrank stellen. Haltbarkeit: 4 Wochen

Schmeckt gut zu: allen Wildbraten, kurzgebratenem Wild oder kurzgebratenem dunklem Fleisch, Roastbeef, gebratenen Hähnchenkeulen und warm zu gekochter Rinderbrust oder Tafelspitz.

Varianten: Ebenso kann die Sauce aus roten Johannisbeeren bereitet werden, dann sollte man jedoch statt Cognac oder Weinbrand etwas Himbeergeist zufügen.

Paprikarelish

Für dieses Relish am besten nur die milden gelben Paprikaschoten verwenden, die meist nach oben spitz zulaufen. Es gibt auch brennend scharfe Sorten, die aber meist eine runde Form haben.

1 kg gelbe Paprikaschoten · 500 g rote Paprikaschoten · 250 g Zwiebeln · 6 große Knoblauchzehen · 6 große Borretschblätter · ½ Bund Basilikum · ½ Bund glatte Petersilie · 4 Eßl. kalt gepreßtes Olivenöl (extra vergine) · 2 Eßl. Paprika edelsüß · ½ l Rotwein- oder Knoblauchessig · 150 g Farinzucker · Salz · Cayennepfeffer

- Zubereitungszeit: 1 Stunde
- Zeit zum Backen: 40 Minuten

So wird's gemacht: Den Backofen auf 220° (Gas Stufe 4) vorheizen. • Die gelben Paprikaschoten und die roten Paprikaschoten waschen, abtrocknen und in den vorgeheizten Backofen legen. Dort etwa 40 Minuten braten, bis die Haut ganz schrumplig geworden ist. Die Schoten aus dem Backofen nehmen und in ein feuchtes Küchentuch einschlagen und 5 Minuten ruhen lassen. Die Schoten dann in einer flachen Schale oder einem Teller halbieren und enthäuten, die Stengelansätze abschneiden und mit einem Löffel vorsichtig die Samen und die Samenstränge ablösen. Das Fruchtfleisch grob würfeln und in einen großen Topf geben. • Die Abfälle mit dem ausgetretenen Saft in ein Sieb schütten und über dem Topf abtropfen lassen. • Die Zwiebeln und die Knoblauchzehen schälen, fein hacken und zu den Paprikaschoten geben. Den Borretsch, das Basilikum und die Petersilie abspülen, trockentupfen und in feine Streifen schneiden, bzw. hakken. Zusammen mit dem Olivenöl auch in den Topf geben. • Alles unter Rühren langsam aufkochen, dann das Paprikapulver hineinrühren. Die Masse 5 Minuten köcheln lassen, dabei immer rühren. • Dann erst den Essig und den Zukker hinzufügen und das Relish nach Belieben mit dem Salz würzen. • Im offenen Topf bei mittlerer Hitze 20 Minuten einkochen lassen. Dann mit dem Cayennepfeffer abschmecken und rasch in vorbereitete Gläser füllen. Die Gläser verschließen, kühl und dunkel aufbewahren. Haltbarkeit: 4 Monate

Schmeckt gut zu: Fleischfondue und Raclette.

Varianten: Statt der gelben Paprikaschoten können Sie auch grüne nehmen, oder Sie ersetzen die gelben vollständig und nehmen nur rote Paprikaschoten. In jedem Fall aber wie oben beschrieben enthäuten.

Senffrüchte

4 unbehandelte Limetten (ersatzweise Zitronen) · 2 kleine unbehandelte Zitronen · 250 g grüne und 250 g blaue Weintrauben · 300 g reife Aprikosen · 300 g kleine Reineclauden oder Mirabellen · 4 Nektarinen · 1 Ogenmelone · 1 Stange Zimt · 6 Gewürznelken · 3 Stücke Sternanis · 1 Stück getrockneter Ingwer (3 cm lang) · 1 kg Zucker · ⅜ l Wasser · 75 g gelbes Senfpulver · 1 Teel. Salz · ¼ l Weinessig

- Zubereitungszeit: 1½ Stunden
- Zeit zum Quellen: 1 Stunde

So wird's gemacht: Die Limetten und die Zitronen unter fließendem Wasser gründlich abbürsten, abtrocknen und in dünne Scheiben schneiden. • Die Weintrauben, die Aprikosen, die Reineclauden oder die Mirabellen und die Nektarinen waschen. Abtropfen lassen. Die Weinbeeren von den Stielen zupfen, halbieren und entkernen. Die Aprikosen halbieren und entsteinen. Die Reineclauden oder Mirabellen ebenfalls entsteinen. Die Nektarinen halbieren, das Fruchtfleisch von den Steinen ablösen, dann längs und quer nochmals durchschneiden. Die Melone ebenfalls halbieren, mit einem Löffel die Kerne und das weiche Fruchtfleisch herauslösen. Die Melonenhälften dann in etwa 2 cm breite Schiffchen schneiden, das Fleisch von der Schale ablösen und in 2 cm große Würfel schneiden. • Die Stange Zimt zweimal durchbrechen und zusammen mit den Gewürznelken, dem Sternanis und der längs geviertelten Ingwerwurzel in einen Mullbeutel geben und diesen gut zubinden. • 500 g Zucker in einem großen Topf mit ¼ l Wasser vermischen, unter Rühren zum Kochen bringen und die Früchte zusammen mit dem Gewürzbeutel hineingeben. 10 Minuten köcheln lassen. Die Früchte dann vom Herd nehmen und abkühlen lassen. • In der Zwischenzeit den restlichen Zucker mit dem restlichen Wasser in einem Stieltopf unter häufigem Rühren aufkochen lassen. Den Essig in den Zuckersirup rühren, dabei die Mischung aber nicht mehr aufkochen lassen. • Das Senfpulver mit dem Salz in einer großen Schüssel vermischen. Die heiße Zucker-Essig-Mischung in einem dünnen Strahl in das Senfpulver einlaufen lassen, dabei ständig mit einem Holzkochlöffel rühren, damit das Senfpulver nicht klumpt. Dann eine Stunde ausquellen lassen. • Den Gewürzbeutel aus den Früchten nehmen. • Die Senf-Essig-Mischung dann nochmals stark erhitzen, jedoch nicht aufkochen, und über die Früchte gießen. Alles gründlich umrühren, so daß sich die Früchte, die Senf-Essig-Mischung und der Früchtesud gut miteinander vermischen. • Die Senffrüchte in vorbereitete Gläser füllen, die Gläser verschließen, kühl und dunkel aufbewahren. Vor dem ersten Verzehr sollten Sie die Gläser mindestens 3 Wochen stehenlassen.
Haltbarkeit: 8 Monate

Schmeckt gut zu: gebratenem Geflügel (außer Wildgeflügel), Kalbsbraten, Kalbsschnitzel und allen exotischen Currygerichten.

Mein Tip Wenn Sie keinen Mullbeutel zur Hand haben, können Sie auch ein Kaffee- oder Teefilterpapier nehmen.

In den Regalen der Geschäfte finden wir eine ungeheure Auswahl an Sauerkonserven, und die meisten von ihnen sind qualitativ erstklassig. Unsere Großmütter hatten es da noch nicht so einfach, denn diese pikanten Genüsse gab es damals noch nicht zu kaufen. Sie mußten Gurken und Gürkchen, Paprika und rote Bete und was man sonst noch alles mit Essig, Salz und Zucker konservieren kann, selbst zubereiten. Warum wir heute immer noch Gemüse einlegen, hat einen anderen Grund: Der individuelle Charakter von Eigenproduktionen kann von industriellen Sauerkonserven einfach nicht getroffen werden.

Mixed Pickles

Bild Seite 48

500 g höchstens 10 cm große Einleggurken · Salz · 1 kleiner Blumenkohl · je 1 rote und gelbe Paprikaschote · 250 g Möhren · 250 g Stangenbohnen · 150 g Perlzwiebeln · 1 etwa 10 cm langes Stück Meerrettich · 3 Lorbeerblätter · je 1 Teel. schwarze und weiße Pfefferkörner · 10 Pimentkörner · 1 Eßl. Senfkörner · 1 l Weinessig · ¾ l Wasser · 100 g Zucker

- Zubereitungszeit: 1½ Stunden
- Ruhezeit: 12 Stunden
- Zeit zum Durchziehen: 3–4 Tage

So wird's gemacht: Die Gurken unter fließendem Wasser gründlich abbürsten und in eine Schüssel legen. Im Verhältnis 1 l Wasser zu 75 g Salz eine Salzlake zubereiten, und zwar soviel, daß die Gurken damit gut bedeckt werden können. 12 Stunden ruhen lassen. • Den Blumenkohl waschen, dunkle und schadhafte Stellen wegschneiden und in Röschen teilen. Die Paprikaschoten waschen, von den Stengelansätzen befreien, dann halbieren und die Samenstränge entfernen. In etwa 2 cm breite Streifen schneiden. Die Möhren waschen, schaben und mit einem Buntmesser in Scheiben schneiden. Die Bohnen ebenfalls waschen und in etwa 5 cm lange Stücke brechen. • In einem Topf reichlich Wasser zum Kochen bringen und kräftig salzen. Das Gemüse hineingeben und 5 Minuten sprudelnd kochen lassen. Dann in ein Sieb gießen und sofort in Eiswasser tauchen. So behält es die Farbe am besten. • Die Zwiebeln und den Meerrettich schälen. Den Meerrettich in dünne Stifte schneiden. Die Gurken abgießen und mit Wasser abspülen. Alles mit den zerbrochenen Lorbeerblättern und den übrigen Gewürzen dicht in vorbereitete Gläser schichten. • Den Weinessig mit dem Wasser und dem Zucker aufkochen und sofort über das Gemüse gießen. Die Gläser vorschriftsmäßig verschließen und kühl stellen. • Nach 3 bis 4 Tagen den Sud abgießen, noch einmal aufkochen und wieder über das Gemüse gießen. Die Gläser wieder verschließen und kühl und dunkel aufbewahren.
Haltbarkeit: 6 Monate

Schmeckt gut zu: Grillfleisch aller Art, kaltem Huhn oder kaltem Braten und als Partysnack.

Dillgurken mit Zwiebeln

2 kg kleine Einlegegurken · 250 g Salz · 3½ l Wasser · 500 g Schalotten · 8 Dilldolden · 1 Eßl. schwarze Pfefferkörner · 2 Eßl. gelbe Senfkörner · ½ l Wasser · ½ l Essig · 150 g Zucker · 1 Eßl. Einmachhilfe

- Zubereitungszeit: 50 Minuten
- Zeit zum Durchziehen: 12 Stunden

So wird's gemacht: Die Gurken unter fließendem Wasser gründlich abbürsten und in eine Schüssel legen. • Das Salz in 3½ l Wasser auflösen, über die Gurken gießen und diese, mit ei-

nem Küchentuch bedeckt, 12 Stunden ziehen lassen. • Die Gurken in einem Durchschlag kurz abspülen und gründlich abtropfen lassen. • Die Schalotten schälen. Lagenweise die Gurken, die Schalotten und die Gewürze in einen großen Steinguttopf schichten. • ½ l Wasser und den Essig mit dem Zucker aufkochen. 1 Minute kochen lassen. Dann vom Herd nehmen, die Einmachhilfe hineinrühren und den Sud sofort über die Gurken gießen. • Den Topf mit dem Klammerverschluß oder mit Einmachcellophan und darüber mit einem sauberen Küchentuch verschließen. Kühl und dunkel aufbewahren. Mindestens 6 Wochen durchziehen lassen.
Haltbarkeit: 6 Monate

Eingelegte Knoblauchzehen

5 frische Knoblauchzwiebeln · Salz · einige kleine rote Chilischoten · Lorbeerblätter · Sellerieblätter · etwas Kerbelgrün · Pimentkörner · eine Prise Zucker · ⅜ l Weinessig

- Zubereitungszeit: 30 Minuten

So wird's gemacht: Die Knoblauchzwiebeln in die einzelnen Zehen zerteilen und die Zehen schälen. • Reichlich Salzwasser sprudelnd aufkochen lassen. Die Knoblauchzehen hineingeben und 10 Sekunden (nicht länger!) kochen lassen. Sofort auf einen Durchschlag schütten und nach dem Ablaufen 10 Sekunden in Eiswasser tauchen. • Gründlich abtropfen lassen und mit Haushaltspapier abtrocknen. • Die Knoblauchzehen in möglichst kleine, saubere Gläschen füllen. In jedes Glas eine zuvor abgespülte Chilischote, 1 Lorbeerblatt, ein abgespültes Sellerieblatt und etwas Kerbelgrün und 3–4 Pimentkörner geben. • Den Essig in einen Topf geben, mit etwas Salz und einer Prise Zucker mischen. Den Essig einmal aufkochen lassen, dann über die Knoblauchzehen gießen. Sie müssen ganz mit Essig bedeckt sein. Die Gläser gut verschließen und beschriften. Kühl und dunkel aufbewahren. Mindestens 4 Wochen ziehen lassen.
Haltbarkeit: 4 Monate

Schmeckt gut zu: kaltem Fleisch, gegrilltem Fisch und zum Würzen und Spicken von Lamm- und Rinderbraten.

Ingwerkarotten

2 kg runde Karotten · 1 Ingwerwurzel · ½ l Apfelessig · ¼ l Apfelsaft · ¼ l Wasser · 250 g Farinzucker · 10 Pimentkörner · Salz

- Zubereitungszeit: 50 Minuten
- Zeit zum Durchziehen: 3 Tage

So wird's gemacht: Die Karotten waschen, abtropfen lassen und schaben oder dünn schälen. Die Wurzelenden und den Blattansatz abschneiden. • Die Ingwerwurzel ebenfalls schälen und in hauchdünne Scheiben schneiden. • Den Essig mit dem Apfelsaft, dem Wasser, dem Zucker, dem Ingwer und den Pimentkörnern aufkochen. Die Karotten hineingeben und in etwa 10 Minuten halbweich kochen. • Dann erst den Sud nach Belieben salzen. Die Karotten im Sud erkalten lassen. • Die Mischung in vorbereitete Gläser oder ein Steingutgefäß füllen, mit dem Sud begießen und zugedeckt an einem kühlen Ort 3 Tage durchziehen lassen. • Den Sud abgießen, erneut aufkochen und rasch über die Karotten gießen. Sofort verschließen und die Gläser beschriften. Kühl und dunkel aufbewahren.
Haltbarkeit: 3 Monate

Schmeckt gut zu: Brathähnchen, Schweinebraten oder Wild.

Gemischter Paprika alla contadina

500 g gelber Paprika · 500 spitze rote Paprikaschoten · 500 g spitze grüne Paprikaschoten · 12 frische Knoblauchzehen · ½ Olivenöl (extra vergine) · 2 Teel. Salz · ⅛ l Weinessig

- Zubereitungszeit: 1 Stunde

So wird's gemacht: Die Paprikaschoten waschen und gut abtropfen lassen. Dann halbieren und die Rippen und die Kerne herausschneiden. Die Schoten in etwa 2 cm breite Streifen schneiden. • Die Knoblauchzehen schälen und längs in Stifte schneiden. • Das Öl in einem großen, tiefen Topf fast rauchheiß werden lassen. Den Paprika und den Knoblauch hineingeben und die Hitze sofort ganz schwach einstellen. 2 Teel. Salz darüberstreuen und unterrühren. Alles zugedeckt 20 Minuten schmoren lassen. Die Paprikastücke müssen gar, aber noch bißfest sein. • Mit einem Schaumlöffel aus dem Sud herausnehmen und in vorbereitete Gläser schichten. • Den Kochsud mit dem Essig mischen und 5 Minuten sprudelnd kochen lassen. Den heißen Sud über die Paprikastücke gießen. Die Gläser erst nach dem Abkühlen verschließen. Die Gläser beschriften und kühl und dunkel aufbewahren.
Haltbarkeit: 6 Wochen

Schmeckt gut zu: kaltem oder gegrilltem Fleisch und mit Schafkäsewürfeln bestreut.

Rote Bete mit Schalotten

Bild 3. Umschlagseite

3 kg junge rote Bete · 250 g Schalotten · 1 Stange Meerrettich · 2 l Wasser · 30 g Zucker · 100 g Salz · 2 Eßl. Kümmel · 1 Eßl. Koriander · Essig

- Zubereitungszeit: 1½ Stunden
- Gärzeit: 8–10 Tage

So wird's gemacht: Die roten Beten gründlich abbürsten. Reichlich Wasser sprudelnd aufkochen und die roten Beten 10 Minuten leicht köcheln lassen. Mit kaltem Wasser abschrecken und auf Haushaltspapier abtrocknen lassen. • Die Schalotten schälen und vierteln. Den Meerrettich unter fließendem Wasser gründlich abbürsten, dann ebenfalls schälen und in dünne Stifte schneiden. 2 l Wasser mit dem Zucker, dem Salz, dem Kümmel und dem Koriander aufkochen und abkühlen lassen. • Die roten Beten mit einem Buntmesser in dünne Scheiben schneiden. • Die Scheiben zusammen mit den Schalotten und dem Meerrettich in ein vorbereitetes Steingutgefäß schichten. Den Sud mit den Gewürzen darübergießen. Ein zuvor in klarem Wasser ausgekochtes und ausgedrücktes Leinentuch darüberlegen und mit einem Teller oder Stein beschweren. Den Topf in einen kühlen Raum stellen. • Nach 8 bis 10 Tagen die roten Beten gründlich abschäumen und etwas Essig darübergeben. Den gesäuberten Teller und den Stein wieder auf die Rote-Bete-Scheiben legen und den Topf mit einem frischen Tuch zubinden.
Haltbarkeit: 3 Monate

Schmeckt gut zu: Labskaus, gekochter Rinderbrust, Rinderschmorbraten und mit Essig und Öl angemacht als Salat.

Rezept- und Sachregister

kursiv gesetzte Seitenzahlen verweisen auf Farbbilder.

Rote Bete mit Schalotten, mit Essig und Öl angemacht, schmeckt gut als Salat. Rezept Seite 54. ▷